The Long-Awaited, Definitive Translations of Denmark's All-Time Best-Selling Poet

Reading Mr. Goldman's translations of Benny Andersen's poems is sheer pleasure. He has captured the quirkiness and inimitable flavor of Andersen's language. An impressive collection that will be appreciated by a wide audience.

NETE SCHMIDT, PH.D., DEPARTMENT OF SCANDINAVIAN STUDIES,

UNIVERSITY OF WISCONSIN

Superb choice for connoisseurs of multicultural poetry, worthy of the highest recommendation.

SUSAN BETHANY, MIDWEST BOOK REVIEW

Canonized, memorized, and treasured in Denmark for over half a century, Benny Andersen's enduring poetry finds a sure voice in Michael Goldman's delicate and humorous translations. In Andersen's universe, spiritual revelations are achieved through the quotidian with heartfelt irony, and Goldman unfailingly translates these juxtapositions, rendering a great service to English-language readers. I loved this collection, including the touching foreword.

KATRINE ØGAARD JENSEN, TRANSLATOR, EDITOR OF EUROPENOW

AT COLUMBIA UNIVERSITY

This translation has mastered the linguistic challenges. Captivating word play...enchanting imagery.

DR. LEONIE A. MARX,, UNIVERSITY OF KANSAS,

AUTHOR OF BENNY ANDERSEN: A CRITICAL STUDY

Bilingual Danish-English Edition

Noget at leve op til
Something to Live Up to

Benny Andersen

Udvalgte Digte
Selected Poems

Translated from Danish by
Michael Goldman

SPUYTEN DUYVIL
New York City

ACKNOWLEDGEMENTS:

Many thanks to the following journals in which these translations first appeared.

Bateau: "Spirit," "The difficult cousin," "Sleepyhead"
The Cincinnati Review: "Happiness," "End Result," "The last poem in the world," "Cleaning out the medicine cabinet," "The Soul"
The Massachusetts Review: "Monday"
Metamorphoses: "Reaction," "Earthworm," "Kierkegaard on his bicycle"
Source, Journal of ATA: "Instigation," "Reserved," "A little dizzy," "Summer evening"

Visions International: "Another place"
The Los Angeles Review: "The yellow honeysuckle"
Smartish Pace: "I ought to"
Mantis: "Frŭlingsrauschen (Rustle of spring)"
The Dallas Review: "The rebellious skeleton"
The International Poetry Review: "Thelonius Monk," "Just before spring"
World Literature Today: "Gluing"
poems.com: "The last poem in the world"
Kalyna Review: "Certain Life," "Something to live up to," "The newspaperman in Speightstown," "Chopping wood"
Lunch Ticket: Now what if," "Someplace in Europe"
Meat for Tea: "Diet,"
Apple Valley Review: "Restlessness,"
Drafthorse Journal: "Warm-up Exercises"
Plume: "Smile," "Time"

Sincere appreciation to The Danish Arts Foundation for their financial support towards the translation and publication of this book. Sincere appreciation as well to Benny Andersen and Elisabeth Ehmer for their cooperation in the translation and publication of this book.

THE DANISH ARTS FOUNDATION

© Benny Andersen, Copenhagen. Published by agreement with Gyldendal Group Agency.
Translation ©2017 Michael Goldman
ISBN 978-1-944682-79-8 pbk.   978-1-944682-80-4 hdc.
© James Steinberg Cover art and Chapter illustrations

Library of Congress Cataloging-in-Publication Data

Names: Andersen, Benny, author. | Goldman, Michael (Michael Favala), translator.
Title: Noget at leve op til : udvalgte digte = Something to live up to : selected poems / Benny Andersen ; translated from Danish by Michael Goldman.
Other titles: Something to live up to
Description: Bilingual Danish-English edition | New York City : Spuyten Duyvil, 2017.
Identifiers: LCCN 2017032992| ISBN 9781944682798 (pbk.) | ISBN 9781944682804 (hardcover)
Classification: LCC PT8176.1.N56 A6 2017 | DDC 839.811/74--dc23
LC record available at https://lccn.loc.gov/2017032992

In Memory of Henry and Zephyr

Contents

Forfatterens forord			Foreword by the author	vii
Oversætterens forord			Translator's preface	ix

TID OG LIV / TIME AND EXISTENCE

Alt dette	2		All this	3
Tilbage igen	4		Back again	5
Facit	8		End result	9
På høje tid	10		High time	11
Kierkegaard på sin cykel	14		Kierkegaard on his bicycle	15
Livet	18		Life	19
Livet er smalt og højt	20		Life is narrow and high	21
Ånd	22		Spirit	23
Tiden	24		Time	25

LÆNGSEL OG KÆRLIGHED / LOVE AND LONGING

Stjerneklart	30		Clear as the stars	31
Det sidste øh	32		The last um	33
Reaktion	34		Reaction	35
Sommeraften	38		Summer evening	39
Til en stærk kvinde	40		To a strong woman	41
Den gule kaprifolium	50		The yellow honeysuckle	51
Din kjole uden dig	54		Your dress without you	55

NATUREN / NATURE

Brændehugning	60		Chopping Wood	61
Fødder	66		Feet	67
Frülingsrauchen	68		Rustle of Spring	69
Lige før forår	72		Just before spring	73

PSYKEN		THE PSYCHE	
Et andet sted	76	Another place	77
Alt	78	Everything	79
Venskab	82	Friendship	83
Godhed	86	Goodness	87
Lykken	88	Happiness	89
Man burde	90	I ought to	91
Afkroge er ikke hvad de har været	94	Out of the way places are not what they once were	95
Det oprørske skelet	96	The rebellious skeleton	97
Reserveret	100	Reserved	101
Rastløshed	102	Restlessness	103
Syvsover	106	Sleepyhead	107
Smil	110	Smile	111
Noget at leve op til	112	Something to live up to	113
Sorrig og glæde	120	Sorrow and joy	121
Sjælen	122	The soul	123
Her er	126	This is	127
Træd varsomt	130	Watch your step	131
Lyseslukker	136	Wet blanket	137

KREATIVITET		CREATIVITY	
Det sidste digt i verden	140	The last poem in the world	141
Programerklæringen	142	Manifesto	143
Fru Hansen	148	Mrs. Hansen	149
Morgenstund	154	Morningtime	155
Spillemand	160	Musician	161
Thelonius Monk	162	Thelonius Monk	163
Opvarmningsøvelser	166	Warm-up exercises	167

AT VÆRE MENNESKE		THE HUMAN EXPERIENCE	
Assimilation	174	Assimilation	175
Oprydning i medicinskab	178	Cleaning out the medicine cabinet	179
Skabsvenskere	180	Closet Swedes	181
Diæt	186	Diet	187
Den vanskelige fætter	188	The difficult cousin	189
Limning	192	Gluing	193
Yppelse	194	Instigation	195
Damer	196	Ladies	197
Lettere svimmel	202	A little dizzy	203
Mandag	204	Monday	205
Morgenhymne	208	Morning Hymn	209
Hvad nu hvis	212	Now what if	213
Avismanden i Speightstown	218	The newspaperman in Speightstown	219
Til en der har mistet en elefant	232	To one who lost an elephant	233
Et sted i Europa	240	Someplace in Europe	241

Message From Benny Andersen

Jeg er Michael Goldman dybt taknemmelig for at have taget sig af mit forfatterskab og sørget for dets udgivelse på engelsk. Da det danske sprog kun er et lille sprogområde, sætter jeg specielt pris på hans indsats, for at mine digte kan blive læst i udlandet.

Benny Andersen

Translation

My heartfelt thanks to Michael Goldman for his work translating my poems and getting them published in English. Danish is not widely spoken, which makes me feel especially grateful for his work, so that my writing can be read outside of Denmark.

Translator's Introduction

On a cold and clear January night in 2011, I arrived at the local music school for rehearsal. During recent weeks I had been reading a book of interviews with Benny Andersen and his friend, the popular Danish priest, Johannes Møllehave. This Danish book, *Det Skal Mærkes at Vi Lever* (*We've Got to Feel Alive*), is a series of interviews with the pair of contemporary Danish icons, interspersed with poems and lyrics by Andersen. Although I had taught myself Danish twenty-five years previously, in a successful effort to woo my wife, this was my first serious encounter with Andersen's work, and I was really enjoying the book. But this was far from my mind as I entered the building. I was thinking of jazz, of getting mentally prepared for our band's weekly rehearsal.

The rehearsal room was still occupied by another band, so I joined our guitarist, who was warming up in an adjacent room. I sat down, started unpacking my clarinet, and asked him how his week had been. "It's been awful," he said. "I wasn't even sure if I was going to come tonight." He explained that his son's best friend had gone on a ski trip out west. While skiing the friend had hit a tree and died. This exuberant and talented eighteen-year-old young man had been like a member of their extended family for years.

What could I say to respond to his deep loss? I sat there remembering my friend Henry. He and I had first met while we were both working as carpenters in Maryland in 1998. A seasoned builder and spiritual seeker, Henry and I shared many common interests, and we developed a brotherly friendship on and off the jobsite. Though Henry was born with deformed hands, this did not deter him in the least from playing a fine piano, doing slight-of-hand tricks, and creating beautiful woodwork. A few years later, when I got a job to build my first custom house, Henry agreed to be my lead carpenter. We believed that together, we could build anything. The fall before our spring groundbreaking, Henry went sailing, which he loved passionately, on the Chesapeake Bay. In swirling wind he was hit by the boom, knocked unconscious, fell overboard and died. In the days that followed I could barely function. I remember meditating and grieving, trying to alleviate a distractedness that I could not shake off.

Now, sitting across from by bandmate, I told him that I understood something of what he was going through. I shared with him the grief that I went through when Henry died: the shock, the emptiness; and then the eventual comfort in Henry's frequent "reappearances." Henry's face, voice, and words continued to visit me regularly, adding to my life a vibrant life-force, blurring whatever loss I once felt into a lifelong renewed relationship.

Then I remembered a poem by Andersen I had recently read in *Det Skal Mærkes at Vi Lever*. Entitled "Something to live up to," the poem speaks to how the dead are often more alive to us than the living. The deceased can return to us repeatedly, enriching our lives, even though they are supposedly "gone." My paraphrasing of this irony-filled poem wrested a laugh from my friend, and it was then I decided to translate the three-page poem from Danish for him, hoping it might help with his healing.

In the process of translating "Something to live up to," I became more aware of how other poems by Andersen were also full of tenderness and irony. I translated a few more to share with family and friends. After completing a good number of translations, I decided to step forward and let Andersen know what I was up to. He liked my work and, to my surprise, invited me and my wife, Jette, to visit him in Denmark. That fall, Benny and I spent two afternoons reviewing and editing my translations, playing music, and getting to know one another. Then in spring of 2013, we met again for twelve days at his home, continuing to refine the manuscript that has become this book of poetry.

As you will discover, Andersen has an uncanny ability

to isolate some universal human experience like longing or aging or social conundrums, and use his verse to magnify the charged moment, show us the folly in it, help us to wrap our hearts around it and emerge somehow wiser in the end. And he does this without finger pointing, but rather with camaraderie. His poetry is approachable, and by reading it, we discover previously unknown places in ourselves suddenly approachable. We evolve.

We cannot know how long we will be in this world. Which makes it even more imperative that we do not hesitate to evolve, to challenge ourselves, to bring illumination to our shadowy places. Benny Andersen's poetry can be a guide for us in this process. His words awaken us to our suppressing tendencies. In his lines we also find encouragement to look to those people, living or dead, who embody the best qualities in humanity, and who give us "something to live up to."

I'm pleased to present these poems to a new audience.

Michael Favala Goldman
Florence, MA, USA
April, 2016

Tid og Liv

Time and Existence

Alt Dette

Her om vinteren
kan man ofte gribe sig i
at gå og tænke på sommeren
den mutte båd ved stranden
våde mennesker
sammenklappelige måger
ispinde øller og aftenbål
vantefrit samvær og ukolde kinder
hjertet ligger lige under solen
man ville ikke undre sig ved at se
en hest komme op af havet med drømmende øjne
dagen er fuld af vemodige muskler
man ligger i stenfrit sand
med en andens hånd i sin ene
hjertet lige under solen
solen lige under hjertet
bølger skvulper ind ad det ene øre
ud af det andet
frem og tilbage
en lempelig form for hjernevask
indtil man føler og ved
at alt dette og himlen med
      skal tages fra os engang.

All this

Here in the winter
you can often catch yourself
walking and thinking of the summer
the sullen boat on the beach
wet people
foldable gulls
popsicles beer and evening campfires
glove-free togetherness and uncold cheeks
your heart lies right under the sun
it wouldn't surprise you to see
a horse emerging from the ocean with dreamy eyes
the day is full of sulky muscles
you lay in pebble-free sand
with another's hand in yours
your heart right under the sun
the sun right under your heart
waves lap in the one ear
and out the other
back and forth
a gentle form of brainwashing
until you feel and know
that all this and the sky as well
      will be taken from us one day.

Tilbage igen

Man mærker det straks efter landingen
luften lidt lunere end da man rejste ud
duft af kløver og hvidtjørn og græspollen
akustikken krydret af tilbagevendte stemmer
stære svaler og viber
intet er helt det samme som før

På turen gennem byen nye
skilte mellem gamle velkendte
en boghandel ændret til McDonald's
en blomsterbutik til videoshop
en markedsplads til parkeringstorv
intet er helt det samme som før

De fleste man kender ligner dog sig selv
bortset fra mindre forskydninger
en har tabt sig en anden taget på
enkelte er døde mens andre er nyfødte
en har fået bil en anden grå hår
intet er helt det samme som før

Men livet går videre og
det er da godt
eller hvad det nu er
det havde dog været absurd hvis alt
gik i stå fordi man var borte
og alting var helt det samme som før

Nej livet går videre og
det er da godt
eller hvad det nu er
så hvorfor dette skarpe stik af smerte
eller hvad det nu er fordi
intet er helt det samme som før

Back Again

You notice it right after the landing
the air a bit warmer than when you left
the smell of clover and hawthorn and grass pollen
the acoustics spiced with returned voices
starlings swallows and lapwings
nothing is quite the same as before

On the ride through town new
signs between old familiar ones
a bookstore changed to a McDonald's
a florist to a video shop
a market square to a parking lot
nothing is quite the same as before

Most of the people you know look the same
except for some small deviations
one has lost weight another gained weight
a couple have died while others are newborn
one got a car another gray hair
nothing is quite the same as before

But life moves on and
that's good
or whatever it is
it would have been absurd if everything
just stopped because you were away
and everything would be quite the same as before

No life moves on and
that's good
or whatever it is
so why this sharp prick of pain
or whatever it is because
nothing is quite the same as before

Havde du ventet at alt gik i stå som
Tornerose's slot fordi du rejste bort
at alt blev ved det gamle og
man ventede med fremtiden
til du kom tilbage
og alting igen var det samme som før

Betragt dine kæres kærlige smil
dine venners glæde ved at gense dit ansigt
mærk dig savnet og elsket og se dem sluge
hvert ord af din mund mens de selv
strutter af lutter fortælletrang
for intet er helt det samme som før

Du ventede vel ikke de havde forsaget
alle jordiske glæder mens du var væk
du mener vel ikke de burde have
undværet mad søvn og elkov og budt dig
velkommen som rene skeletter for så var jo
intet rigtigt det samme som før

Nej men på den anden side ser de heller ikke
ud som om de har savnet noget
og når et par måneder ændrer så meget
hvad så den dag man er rigtig død
og måske får lyst til at gå lidt igen
og intet er helt det samme som før

Lev mens du lever og misund ikke
men und de levende alt muligt liv
en hånd kan knyttes såvel som åbnes
brug den til kærtegn og ikke til slag
i morgen er der muligvis atter en dag
hvor intet er helt det samme som før.

Did you expect that everything would just stop like
Sleeping Beauty's castle because you left
that everything would remain like the old days and
they would wait with the future
until you came back
and everything would be the same as before

Look at your loved ones' affectionate smiles
your friends' joy at seeing your face again
notice that you are missed and loved and see them drink in
every word you utter while they themselves
are bursting with things to tell you
because nothing is quite the same as before

I hope you didn't expect that they would have renounced
all earthly pleasures while you were away
I hope you don't think they ought to have
gone without food sleep and lovemaking and bid you
welcome as skin and bones because then of course
nothing would have been quite the same as before

No but on the other hand they don't look
like they've been deprived of anything either
and when a couple of months changes so much
what about that day when you're really dead
and maybe you feel like rising from the dead a bit
and nothing is quite the same as before

Live while you're living and don't be envious
but wish the living all the best in life
a hand can be clenched as well as be opened
use it for caressing and not for hitting
tomorrow is the possibility of yet another day
where nothing is quite the same as before

FACIT

På den yderste dag
den store ribbe-og skrælledag
afstår jeg fra alt
(gerne til basuners klang –
jeg elsker basuner)
Først dropper jeg navn
              stilling
              adresse
så af med kødet og indmaden
knoglerne pænt lagt sammen
(der mangler desværre nogle tænder, sorry,
til gengæld er der et par briller)
Dernæst lukker jeg luften ud af
tro, håb og kærlighed
med andre ord:
skepsis, vemod, ensomheden.
Sluttelig svides erindringen af
og med den min besværlige sjæl.
Så er jeg sløjfet
           jævnet med jorden.
Men skulle der alligevel
være et eller andet til overs
når alt er demonteret –
et tomrum, f.eks. –
da er det muligvis mig.
Man er noget der ikke har været der før
og nu ikke er der mere.

End result

On the very last day
the great stripping and shedding day
I will abstain from everything
(to the sound of bassoons –
I love bassoons)
First I will drop my name
                occupation
                address
then off with the flesh and organs
bones laid together neatly
(some teeth are missing, sorry
but there's a pair of glasses instead)
Next I'll let the air out of
faith, hope and love
in other words:
skepticism, sadness, loneliness.
Finally burn off my memory
and with it my difficult soul
I am razed
        leveled to the ground.
But if there should be
something left over
when all is dismantled –
a void, for example –
maybe that is me.
We are something that has never been before
and now is no longer there.

På høj tid

Det er på tide
vandet koger
jorden brænder
verden venter
da Alexander var på Cæsars alder
var han allerede Den Store
da Cæsar var i min alder
var han allerede færdig
de spildte ikke tiden
tiden spildte ikke dem
de brugte tiden som en skjorte
sov med den på
spiste med den på
blev begravet i den
og her sidder jeg
holder avis
holder jul
holder igen
lade bedrifter gå min næse forbi
i håbløs restance med opdagelser
verden venter ikke
da Mozart var fem år
da Jesus var tolv
da Columbus lettede anker
da Homer
da Rembrandt
da Pasteur
da Darwin
da Dalgas
da Vinci
da Gama
Damokles
det er på høje tid
det er over tiden

High Time

It's time
the water is boiling
the earth is burning
the world is waiting
when Alexander was Caesar's age
he was already the Great
when Caesar was my age
he was already done
they didn't waste time
time didn't waste them
they used time like a shirt
slept with it on
ate with it on
were buried in it
and here I sit
holding a newspaper
holding Christmas
holding back
letting achievements go by right under my nose
hopelessly in arrears with discoveries
the world is not waiting
when Mozart was five years old
when Jesus was twelve
when Columbus raised anchor
when Homer
when Rembrandt
when Pasteur
when Darwin
when Dalgas
da Vinci
da Gama
Damocles
it is high time
it is past time

min hat
min frakke
mine cykelspænder
det er nu eller aldrig

my hat
my coat
my bicycle pant clips
it is now or never

Kierkegaard på cykel

Noget er smuttet med tiden
meget var næppe værd at huske
men jeg husker som igår
skønt det var over en uge siden
Søren Kierkegaard komme cyklende
vent lidt så må det være cirka
150 år siden
da var jeg vist ikke født
men never mind
han kommer cyklende ned ad Hjortekærsvej
og jeg på vej op
så vi stod af og fik en lille snak
nu vil nogen indvende
at dengang var cyklen ikke opfundet
men sligt anfægter ikke store ånder
og han kunne være noget distræt til tider

Lidt forpustet gav han sig til at illustrere
hvad han lagde i begrebet Gentagelsen
som han stavede med J, altså Gjentagelsen:
Den stadigt gentagne brug af pedalerne
fik hjulene til at dreje rundt
det var så at sige gentagelsen
der drev værket
og øgede lysten til at komme nye steder hen
eller genopleve velkendte steder
Men det mest geniale ved cyklen var
at man kunne begge dele på en gang
man sad på samme sted
og ved hjælp af gentagelsen
flytte stedet med sig
man kunne således cykle fra det indre København
og helt ud til Hjortekær og Dyrehaven
og opleve en masse herlige steder undervejs

Kierkegaard on his bicycle

Some things slip away with time
much of it was hardly worth remembering
but I remember as if it were yesterday
though it's over a week ago
how Søren Kierkegaard came riding his bicycle
wait a second it must be about
150 years ago
when I hadn't even been born
but never mind
he came riding down Hjortekær Road
and I was on the way up
so we got off our bikes and had a little chat
now someone will object
that the bicycle hadn't been invented yet
but things like that do not affect great spirits
and he could be a bit absent-minded at times

A little winded he began to illustrate
what he meant by the term "repetition"
which he spelled with a "c," that is, "repeticion":
The constant repeated use of the pedals
got the wheels to spin
it was, so to speak, the repetition
that made the thing run
and increased the desire to go to new places
or revisit familiar places
But the most brilliant thing about the bicycle was
that you could do both things at once
you could sit in the same place
and with the help of repetition
move the place along with you
you could in this way bike from downtown Copenhagen
all the way out to Hjortekær and Dyrehaven
experiencing lots of great places along the way

uden at rokke sig af stedet
Ja det var jo længe før man fik TV
Så smuttede han videre på sin cykel
jeg så ham ikke siden
og slet ikke før
muligvis aldrig
men det med gentagelsen husker jeg
og meget kan man sige om Kierkegaard
men manden vidste sgu hvad han talte om.

without moving an inch
Well, that was long before we got TV
So he slipped away on his bicycle
I haven't seen him since
and definitely not before
possibly never
but that thing about repetition I remember
and you can say a lot of things about Kierkegaard
but the man knew what the hell he was talking about.

LIVET

Livet
det er noget vi alle kender
livet
fører så meget med sig
fører så meget bort med sig
jeg har ikke noget mod livet
det ligger bare ikke så naturligt for mig mere
der skal flere forberedelser til nu
længere tids opvarmning hver morgen
hvad skal det ende med
til sidst er det tilløb alt sammen
og når man så skal springe
er man dødtræt
der er ikke andet for
man må snyde sig selv
for at kunne holde det ud
gå op i starten
give sig hen i sit timelange tilløb
med liv og sjæl.

LIFE

Life
it's something we're all familiar with
life
involves so much
carries away so much
I have nothing against life
it just doesn't feel so natural to me any more
it needs more preparation now
a longer warm-up every morning
where will it end
finally all there will be is the approach
and when it's time to jump
you're dead tired
what else can you do
you've got to trick yourself
to be able to endure
get into the start
and into your hours of approach
put your heart and soul.

Livet er smalt og højt

En tændstik blusser op i verdensrummet
belyser kort et ansigt før den slukkes.
I mørket mødes hænder
berører kort hinanden før de stivner.
Ord sendes ud.
Nogle når frem til et øre
huskes muligvis en tid.
Målt på langs er livet kort
men lodret målt uendeligt
en dirrende fiber i dødens muskel.
Kys med det samme
før kysset rammer et kranium.
Snart er du ingen
men nu har du læber
og tændstikker.

LIFE IS NARROW AND HIGH

A match flares up in the universe
briefly illuminates a face before it goes out.
Hands meet in the dark
briefly touch before they stiffen.
Words are sent out.
A few reach an ear
maybe are remembered for a while.
Measured lengthwise life is short
but measured vertically endless
a quivering fiber in death's muscle.
Kiss right away
before the kiss hits a skull.
Soon you will be no one
but now you have lips
and matches.

ÅND

Lægger man ikke alt for megen vægt
            på det materielle?
Når jeg sidder og piller kartofler
            især de nye
kan jeg pludselig stoppe op
og tænke
            herregud
hvad er det du sidder og laver
så ser jeg på kartoflerne
            ser noget i dem
hver eneste lille kartoffel
er et selvstændigt væsen
            med øjne og hud
med tusind ubrugte muligheder i sig
            som du selv
tænk rigtig over det
og jeg ser ud i solen
tænker over mit liv
betragter atter de forsvarløse små
som jeg er kommet til at respektere
der kan gå lang tid
før jeg piller videre
det er det jeg forstår ved ånd.

Spirit

Do we put too much emphasis
        on material things?
When I'm sitting peeling potatoes,
        especially new potatoes
sometimes I suddenly stop
and think
        good God
what in the world are you doing
and I look at the potatoes
        see something in them
every single little potato
is an independent being
        with eyes and skin
with a thousand latent possibilities
        just like yourself
really think about it
and I look out in the sun
think about my life
consider again the small defenseless ones
that I have come to respect
it can be a long time
before I start peeling again
this is what I mean by spirit.

TIDEN

Vi har tolv ure i huset
alligevel slår tiden ikke til
Man går ud i sit køkken
henter kakaomælk til sin spinkle søn
men når man vender tilbage
er han blevet for gammel til kakaomælk
kræver øl piger revolution
Man må udnytte tiden mens man har den
Ens datter kommer fra skole
går ud for at hinke
kommer ind lidt efter
og spør om man vil passe den lille
mens hun og manden går i teatret
og mens de er i teatret
rykker den lille med noget besvær
op i 3. G.
Man må udnytte tiden mens man har den
Man fotograferer sin hidtil unge hustru
med blodrigt sigøjnertørklæde
og som baggrund et yppigt springvand
men næppe er billedet fremkaldt
før hun forkynder at det så småt
er hendes tur til at få folkepension
så sagte vågner enken i hende
Man vil gerne udnytte tiden
men den blir væk hele tiden
hvor blir den af
har den nogensinde været der
har man brugt for megen tid
på at trække tiden ud
Man må udnytte tiden i tide
flakke om en tid uden tid og sted
og når tiden er inde

Time

We have twelve clocks in our house
Still we don't have enough time
You go to the kitchen
get chocolate milk for your skinny son
but when you return
he's too old for chocolate milk
demands beer girls revolution
You've got to make use of the time while you've got it
Your daughter comes home from school
goes out to hopscotch
comes in a bit later
and asks if you could watch the baby
while she and her husband go to the theater
and while they're at the theater
the child with some difficulty passes
eleventh grade
You've got to make use of the time while you've got it
You photograph your once young wife
wearing a sumptuous gypsy scarf
and in the background a luxurious water fountain
but the picture is barely developed
before she announces that it's just about
her turn to apply for Social Security
quietly the widow in her awakens
You want to make the most of your time
but it's always slipping away
where's it going
was it ever there
did you spend too much time
trying to make time
You've got to make use of the time in time
wander for a time without time or place
and when your time is up

ringe hjem og høre
"De har kaldt 95 94 93 92?
Der er ingen abonnent på det nummer."
                              Klik.

call home and hear
"The number you have dialed 765-4321
is not in service."
    Click.

Længsel og Kærlighed

LOVE AND LONGING

Stjerneklart

Vi stod af og trak
for ikke at lave kaos
i stjernerne.
Vi lagde nakken tilbage og drak
det perlende mørke.
vi lo til hinanden for ikke
at komme i balance igen
og min hånd blev stamgæst hos dig.
Jeg trak galant min pumpe
og pumpede dit hjerte op.
Vi steg mod åbne stjerner
i dit hjertes ballon.

Lykkelig spoler jeg denne indre film:
da min fantasi løb af med dig.

Clear as the stars

We got off and walked
so as not to make chaos
in the stars.
We put our heads back and drank in
the pearlescent dewy darkness.
We laughed to one another so as not to
regain our balance
and my hand became a regular visitor with you.
I attentively manned my pump
and pumped up your heart.
We rose toward open stars
in your heart's balloon.

Happily I reel this inner film:
when my imagination ran away with you.

Det sidste øh

Afgang ni tredve
Ikke for evigt
men alligevel
toget ser ud til
at kunne køre meget langt

"Den tid går hurtigt
når først man er der…"
Man prøver at sige
lidt mere end øh

Dørlåg smækkes i
knaphuller kløjs i knapper
hænder er ved at falde ud af ærmerne
toget river sig langsomt løs
ingen fik det sidste øh
smil synker baglæns ind i munden.

The last um

Departure nine thirty
Not for ever
but still
the train looks like
it could go really far

"The time will go by fast
once you get there…"
You try to say
something more than um

Cabin doors slam shut
buttonholes choke on buttons
hands nearly fall out of their sleeves
the train slowly pulls itself loose
no one said the last um
a smile draws backwards into your mouth.

REAKTION

Verdensrummet eksploderer
til alle sider
alt er på vej væk fra
alt
med hovedkulds hast
alle planeter
alle stjerner
i alle galaxer
i alle galaxehobe
er sprængstykker udslynget
af en detoneret urbombe
vor egen klode en enkelt granatstump
blandt milliarder trillioner
bare beboet

Siden det store drøn
har der været drøn på

Ellers er vejret ret roligt i dag
træerne i haven står nogenlunde
hvor de altid har stået
i hvert fald tilsyneladende
og det er godt nok

Men da du og jeg i morges
så ind i hinandens øjne
indså vi omsider at
vi var kommet hinanden nærmere
og nærmere
og nærmere
siden vi mødtes første gang

REACTION

The universe is exploding
in every direction
everything is on its way away from
everything
speeding headlong
all planets
all stars
in all galaxies
in all galaxy clusters
the shrapnel is flung out
from a detonated primordial bomb
our own globe a single shell fragment
among billions of trillions
just populated

Since the big boom
things have been booming

Otherwise it's pretty calm out today
the trees in the yard are standing more or less
where they always have stood
apparently at any rate
and that's good enough

But when you and I this morning
looked into each other's eyes
we realized after a while that
we had gotten closer to one another
and closer
and closer
since we first met

Vi er langt bagud i udvikling
får aldrig indhentet
resten af universet
og hvad værre er
det gider vi heller ikke
som at kaste stjerner for muldvarpe
hver dag et forsmædeligt tilbageskridt
hvor alt hvad vi opnår er
at komme hinanden nærmere
hvad vil det ikke ende med
en dag risikerer vi at tænke og føle
det samme samtidigt
en nat kan det gå så vidt
at vi drømmer samme drøm
om alt eller intet
vi har uigenkaldeligt svigtet
selve tilværelsens udgangspunkt
vist os usolidariske med
det store fælles drøn

Men det allerværste er:
Jeg angrer ikke et sekund af vores syndige
alt for gensidige gravitation
jeg er fortabt
en rumkætter
glæder mig fordærvet til at møde
dine interstellare øjne i morgen
nærmere end nogensinde
og prise mig frafalden
himmelfalden
dybt reaktionær
håbløst lykkelig.

We are far behind in our progress
we'll never catch up to
the rest of the universe
and what's worse is
we could not care less
it's like casting stars before moles
every day a disgraceful setback
where all we achieve is
getting closer to one another
where will it end
one day we risk thinking and feeling
the same thing at the same time
one night it could go so far
that we dream the same dream
about everything or nothing
we have irrevocably failed
the very origin of existence
shown ourselves to be lacking in solidarity with
the big collective bang

But worst of all:
I don't regret a second of our sinful
all too mutual gravitation
I am a lost cause
a space heretic
depravedly looking forward to meeting
your interstellar eyes tomorrow
nearer than ever
and count myself a defector
thunderstruck
deeply reactionary
hopelessly happy.

SOMMERAFTEN

To træer hvisker fortroligt sammen
bagest i haven
lange skyggefloder løber gennem græsset
men det varer længe
før solen går ned

Fra TV-antennen på taget
holder solsorten et glimrende foredrag
man behøver ikke være ekspert i solsortsk
for at fatte hvad det går ud på
nemlig at dagen i dag
har været endnu bedre end gårsdagen
men morgendagen vil simpelthen
slå alle rekorder

din hånd i min
og solen stråler af glæde
som et lille barn der har fået lov
til at være længere oppe.

Summer Evening

Two trees are whispering together confidentially
furthest back in the yard
long rivers of shadow run through the grass
but it will be quite a while
before the sun goes down completely

From the TV antenna on the roof
the blackbird is giving a brilliant lecture
you don't have to be an expert in blackbirdish
to get the gist of what it's about
namely that the day today
has been even better than yesterday
but tomorrow will simply
break all records

Your hand in mine
and the sun is radiant with joy
like a small child who has been allowed
to stay up longer.

Til en stærk kvinde

Du er lige drejet om et hjørne af huset
standser op med pludselig sol i synet
uden at misse med de mørke øjne.
Solen vil aldrig komme bag på dig
for i dit barndomsland går solen
kun ned om natten – til gengæld
på klokkeslæt.
Dit sorte hår
fortættet som en node.
Den blødthvælvede pande
klart understreget
af kategoriske øjnebryn.
Næsens lille lune brink
og de asymmetriske smilehuller.
De fyldige læbers sirligt prentede omrids.
Øjnene to lys for enden af en tunnel.
På begge sider af hovedet
et lille nybagt nøglehul.
Jeg kan lide at se hver enkelt del
og kan lide at se dig helt
for det ophæver tyngdekraften.
Jorden åbner sig under mig
men en særlig luftlim holder mig fast
så jeg kun synker lidt ned i knæene.
Jeg har set et barndomsfoto af dig
og det lignede barnet til dig.
Nu holder du et nøglebundt
med en rød og indigo kuglekæde
op mod din hvide bomuldsbluse.
Din venstre hånd nulrer nogle solstråler
der er kommet væk fra hinanden
på grund af skyggende grene.
Du tar dig altid særligt af solen.
Blir mut og distræt når den holder sig væk

To a Strong Woman

You have just rounded the corner of the house
you stop when the sun suddenly hits you
without blinking those dark eyes.
The sun will never take you by surprise
because in the land of your childhood the sun goes
down only at night – and what's more –
always at the same time.
Your black hair
condensed like a musical note.
Your softly curved forehead
clearly underlined
by categorical eyebrows.
Your nose's little warm roundover
and the asymmetrical dimples.
Your full lips' meticulously printed outline.
Your eyes two lights at the end of a tunnel.
On both sides of your head
a little fresh-baked keyhole.
I like to see every single part
and I like to see you whole
because it neutralizes gravity.
The ground opens below me
but a special air glue holds me up
so I just sink a little in the knees.
I have seen a childhood photo of you
and it looked like your child.
Now you're holding a bunch of keys
With a red and indigo key chain
up against your white cotton blouse.
Your left hand fingers some sunbeams
that got separated from one another
by shadowing branches.
You have a special fondness for the sun.
You get moody and preoccupied when it stays away

men smiler stort og danser når den kommer
med vuggende skuldre
løstsvingende arme
blødt knipsende fingre
let fjedrende trin
som for at undgå
at træde jorden over skorpen
ekstra svaj i ryggen og bevægelig trutmund
du opfører dig
som om solen var din elsker!
Lad mig da være din skygge.
Men nu går solen om bag en sky
og om lidt går du hen til din folkevogn
sætter nøglen i for at køre bort
til et spædbarn med familie og kolik.
Efter at ha undersøgt og vejet barnet
vil du berolige den nervøse mor
råde hende til at pumpe lidt af mælken ud
hvis brysterne er for fulde
så barnet ikke kløjs i mælken
og derved sluger for megen luft.
Og mens du siger det ved du
at dette kun er lidt af meget.
At kolik kan have flere årsager.
At for eksempel moderens uro
og usikkerhed kan påvirke barnet.
At familiens usikkerhed kan påvirke moderen.
At samfundets utryghed kan påvirke samfundet.
At det kan være svært for moderen
at føle sig tryg
når faderen ikke kan slappe af fordi
fabriksarbejdet har hærget hans ryg
så han nok er den næste
der blir indskrænket på.
At det også er svært
for ham at slappe af

but grin and dance when it comes out
with rocking shoulders
loosely swinging arms
softly snapping fingers
light springing steps
like you're trying not to
trample the earth's crust
extra arch in your back and lips moving pursed
you act
as if the sun was your lover!
Then let me be your shadow.
But now the sun is going behind a cloud
and in a little while you will go to your Volkswagen
put in the key and drive away
to an infant with a family and colic.
After examining and weighing the child
you will set the nervous mother at ease
advise her to pump some of the milk out
if her breasts are too full
so the child doesn't choke on the milk
and swallow too much air.
And while you say it you know
this is only the tip of the iceberg.
That colic can have many causes.
That for example the mother's upset
and uncertainty can impact the child.
That the family's uncertainty can impact the mother.
That society's insecurity can impact society.
That it can be hard for the mother
to feel secure
when the father can't relax because
factory work has ravaged his back
so he will likely be the next
to be downsized.
That it is also hard
for him to relax

når barnet skriger hele natten
fordi samfundet ikke kan slappe af.
Du lægger barnet over dine knæ
og masserer det roligt på ryggen
til der kommer en ordentlig bøvs
hvorpå barnet omgående falder i søvn.
Du ved det var lidt af meget
men moderen ånder lettet op for en stund.
Nu benytter du det du kalder
"et lystbetonet øjeblik"
til at forklare den unge mor
hvor livsvigtigt det er
at hun ofte og grundigt lader barnet
se hendes øjne så det lærer
alle hendes ansigtsudtryk at kende
og dermed livet i sit eget ansigt.
Det får moderen til
at fortælle løs
om sit og den lilles liv.
Når du hører på et menneske
lytter du selv mest
med de faste opmærksomme øjne
så det menneske ser for sig
uden flimren eller uskarphed
hvad det er det står og siger
og derigennem opdager hvem det er.
Din styrke er ikke til at måle og veje
er ikke noget Eiffeltårn
men opstår i de mennesker du ser på
gør dem større
får dem til at opdage
hvor store de egentlig kan være.
Selv opfatter du dig
som ganske almindelig
forlængst opdaget
men får andre til at opleve sig

when the baby cries all night
because society cannot relax.
You lay the child over your lap
and massage its back gently
until you get a huge burp
at which the baby immediately falls asleep.
You know it was only the tip of the iceberg
but the mother breathes easier for a while.
Now you use what you call
"a desirable moment"
to explain to the young mother
how vital it is
that she often and thoroughly lets the child
see her eyes so he gets
to know all her facial expressions
and thereby know the life in his own face.
That gets the mother
to talk at length
about her and her baby's life.
When you listen to people
you listen mostly
with your steady attentive eyes
so people can see for themselves
without flickering or blurriness
what they themselves are saying
and through this discover who they are.
Your strength cannot be weighed and measured
it's no Eiffel Tower
but it arises in those people you look at
makes them greater
gets them to discover
just how great they can be.
You consider yourself
quite ordinary
discovered long ago
but you get others to experience themselves

som spejdende Columbusser over for
anede og uanede muligheder.
Sådan er du til stede
selv når du er væk.
Du kører videre til næste familie
og funderer i tredje gear over
hvorfor den såkaldte tremånederskolik
næsten altid holder op
ved tremånedsalderen.
Er det noget organisk eller kemisk
der nu er kommet i balance, eller
er det en medfødt følsomhed
der nu foreløbig er brændt ud
skorpet til
men finder senere udtryk?
Og det siges at kinesiske
spædbørn sjældent græder.
Er det fordi deres samfund
er særlig lykkeligt og trygt?
Hvorfor græder europæiske
mænd da så sjældent?
Men endnu står du her foran mig
med nøglerne i hånden
de nøgler der sammen med dine
tykke sølvørenringe
ville blive tilbage af dig
hvis det kom an på neutronbomben.
Den bombe og jeg
er ude efter det samme
hos dig
Den for at opløse
Jeg for at fastholde
dine Nefertete-øjne
og -læber der siger:
　"Gør mig glad
　　gør mig vred

as scouting Columbuses coming upon
suspected and unsuspected possibilities.
This is the way you are present
even when you are not there.
You drive on to the next family
pondering in third gear
why the so-called three month colic
almost always stops
at three months.
Is it something organic or chemical
that has come into balance then, or
is it an inborn sensitivity
that for the time being is burned out
crusted over
but finds expression later?
And it is said that Chinese
infants seldom cry.
Is it because their society
is especially happy or secure?
Then why do European
men cry so seldom?
But still here you stand before me
with keys in your hand
keys that together with your
thick silver earrings
would be left
if it was up to the neutron bomb.
That bomb and I
are after the same thing
with you
It wants to dissolve
I want to keep
your Nefertiti-eyes
and -lips that say:
 "Make me happy
  make me angry

gør mig skør
men led mig ikke i tristesse
bevar mig for tungsindighed
vær mig ikke utro med mismod!"
Jeg holder din arm
der løfter sig ud af tiden
som et hulemaleri
Jeg holder om din ryg
der slår et svaj
som et ekko af din ømhed
Jeg rører med min lyse hånd
ved din varme bløde hud
som er mørk
ikke bølgmørk
ikke tusmørk
men lysende brun som en honningbi
der flyver lavt hen over en cello
en sommermorgen.
Når jeg nu kysser dig på munden
er det ikke for at lukke den.
Når jeg nu holder dig fast
er det fordi jeg må slippe dig.
Jeg holder dig kun fast i tid.
I evigheder var vi adskilte
og i evighed vil vi være det
men lige nu ser jeg dine øjne
jeg kan se at du ser
og jeg takker mine øjne.
Om lidt er du ude af syne
og en gang kan vi ikke mere
mødes under fine øjne.
Men så længe bare den ene af os
har åbne øjne
vil vi mødes under begge øjne.
Så meget ved jeg i hvert fald:
Livet er utroligt
men sandt.

       make me crazy
       but lead me not in sadness
       keep heaviness of spirit away from me
       and do not cheat on me with despondency!"
I hold your arm
that rises out of time
like a cave painting
I put my arm around your back
that arches gently
like an echo of your tenderness
With my pale hand I touch
your warm soft skin
which is dark
not pitch dark
not twilight dark
but shining brown like a honeybee
flying over a cello
on a summer morning.
When I kiss you on the mouth
it's not to close it.
When I hold you fast
it's because I have to let you go.
I only hold you fast in time.
For eternities we were separated
and for eternity we will be again
but right now I see your eyes
and I can see that you see
and I thank my eyes.
In a while you will be out of sight
and we will meet no more
under four eyes.
But as long as even just one of us
has open eyes
we will meet under both eyes.
This much I know in any case:
Life is incredible
but true.

Den gule kaprifolium

Den blomstrer netop nu
den gule kaprifolium
den lille grønne gedeblad
vi satte i jorden i fjor
den blomstrer netop nu
fandens ubelejligt

Det syn du havde glædet dig til
i snesevis af lange
lydløse guldtrompeter
fanfarer for øjet
men ikke for dit
for du måtte rejse bort for en tid

Så mens du er borte står jeg
hver tidlig morgen og prædker moral
for den unge kaprifolium

Kom nu ikke for godt i gang
strit ikke så ivrigt med ynderne
fyr ikke hele din ungdom af
på en gang så intet er tilbage
den dag min elskede kommer hjem

Flere gange hver dag
ja til langt ud på aftenen
må jeg ud som den strenge fader
jage bier og fluer og sværmere væk
man ved jo nok hvad der sker
når naive blomster bestøves
bedøvede mætte og lade
kaster de ungdommens farvepragt
går ind i sig selv
og blir kedelige

The yellow honeysuckle

It is blooming at this very moment
the yellow honeysuckle
the little green caprifolium
we put in the ground last year
it's blooming right now
damned inconvenient

That sight you had been looking forward to
scores of long
silent gold trumpets
fanfares for the eyes
but not for yours
because you had to spend some time away

So while you are away I stand there
early every morning preaching morals
to the young honeysuckle

Don't get too carried away
don't court your admirers too enthusiastically
don't waste your entire youth
all at once so nothing is left
that day my love comes home

Several times every day
yeah even late into the night
I have to go out as the stern father
chase away the bees and flies and moths
we know what happens
when naive flowers get pollinated
anesthetized, full and lazy
they throw off the rich colors of youth
retreat into themselves
and become boring

Hold ud lidt endnu
mine tapre trompeter
hav tålmodighed
mine ustyrlige små
kast jer ikke godtroende i grams
for tilfældige flygtige bekendtskaber
vent til den rigtige kommer
vent til min elskede kommer hjem
det vil I ikke fortryde

Den dag min elskede kommer hjem
vil jeg ribbe hver busk
hvert træ hvert strå
for bier og biller
for sommerfugle og stankelben
for guldsmede og admiraler
for påfugleøjer og blomsterbukke
måske en enkelt køllesværmer
revl og krat vil jeg rydde
for alskens erotisk kravl
og dænge jer til med tilbedere

Jeg spår jer en stor glæde
hvis bare I kan dy jer så længe
jeg bebuder et svimlende orgie
en oplevelse for livet
os skal intet fattes
den dag min elskede kommer hjem.

Endure a bit longer
my brave trumpets
have patience
my uncontrollable little ones
don't cast yourselves innocently
before random passing acquaintances
wait until the right one comes
wait until my love comes home
you won't regret it

That day my love comes home
I will pluck clean every bush
every tree every stem
of bees and beetles
of butterflies and daddy longlegs
of dragonflies and red admirals
of peacock butterflies and long-tailed skippers
maybe a single adonis blue
I will strip banks and thickets
of all types of erotic creepy-crawlies
and pepper you with worshippers

I foresee for you a huge joy
if you can just hold out that long
I proclaim a dizzying orgy
the time of your life
we shall lack for nothing
that day my love comes home.

Din kjole uden dig

Dit tøj i en dynge på gulvet
hastigt flået af
har haft travlt med at nå en bus
kører dog næppe nøgen med bussen
har sikkert skiftet til slacks og trøje

Et par væltet sko
trusser og strømpebukser viklet ind i hinanden
og din kjole uden dig
din blommefarvede udsalgs
købt for egne penge
jeg kender den godt men undrer mig lidt
ved pludselig at se den ligge der
segnet om i en forvreden stilling
som ramt af lynet

Havde tiderne været andre
og forholdene og stedet
ville man tro en kamp havde fundet sted
og forfølge lejeknægte, vender, indianere
men her og nu er det mest sandsynligt
at du har skullet nå en bus

Din kjole uden dig
glatter jeg ud for at
hænge den ind til de andre
af forskellig farve længde vidde
som har dig tilfælles
og som intetsigende siger mig noget
jeg husker godt da vi købte stoffet
til den sjalsmønstrede jeg husker
hvordan du føltes gennem silkestoffet på
den flerfarvede jeg husker
den første jeg egenhændigt købte til dig

Your Dress Without You

Your clothes in a pile on the floor
quickly stripped off
you were rushing to catch a bus
although you don't ride the bus naked
You probably changed into slacks and a top

A pair of overturned shoes
panties and stockings tangled together
and your dress without you
the plum-colored one on clearance
bought with your own money
I know it well but it gives me pause
suddenly to see it lying there
dropped down in a twisted pose
as if struck by lightning

If the times had been different
and the situation and the location
you would think a battle had taken place
and go after hired thugs, Wends, Indians
but here and now it is most likely
that you had to catch a bus

Your dress without you
I smooth out so I can
hang it up with the others
of various colors lengths widths
that have you in common
and though meaningless still have meaning to me
I remember when we bought the cloth
for the one with the shawl I remember
how you felt through the silk material of
the multi-colored one I remember
the first one I bought for you on my own

du ved den grønne plisserede der blev længere
og længere for hver vask og måtte klippes af
og lægges op hver gang for ellers
måtte du gå på stylter efterhånden
jeg husker husker men kan ikke tale med dig
så længe du ikke er her
disse velhængte klude uden krop og ben
og øjne
uden svar
uden dig
denne blommefarvede som jeg altid vil huske
fordi den ligger der bevidstløs uden dig

Jeg jager en hånd op under den
for at ruske op i den
vrider armen fast i et ærme
virrer med hånden i den snoede spændetrøje
Mester Jakel som Blindebuk
glor
får den anden hånd op gennem halsudskæringen
og den vinker afværgende med fingrene
som jeg skræmt trækker tilbage fra fugleskræmslet
så den halve vrang følger med
Glor på din kjole uden dig
glor på noget der ikke glor igen
prøver at lægge kjolen tilbage
i samme uorden
svært at rekonstruere noget henkastet
svært at lade som ingenting
svært at se bort fra dig
uden dig

you know the green pleated one that got longer
and longer with each wash and had to be cut
and hemmed every time or else
you would have had to eventually use stilts
I remember remember but I can't talk to you
since you're not here
these well-hung garments without body or legs
or eyes
without response
without you
this plum-colored one I will always remember
because it lies there unconscious without you

I thrust a hand up under it
to shake it out
get my arm tangled in a sleeve
shake my hand in the twisted straitjacket
Punch and Judy at blind man's bluff
stare
get the other hand up through the neck cutout
and it deprecatingly waves its fingers
which I shocked pull out of the scarecrow
so half of the inside-out side comes with it
I stare at your dress without you
stare at something that doesn't stare back
try to put the dress back
in the same disarray
it's hard to re-create something cast aside
hard to pretend nothing happened
hard to look away from you
without you

NATUREN

Nature

BRÆNDEHUGNING

Midt i Norge står en musiker
og hugger brænde til sin søn.
Man kan ikke se han er musiker
eller at han er dansker,
som han står der i skibukser
og i sin norske genser
og flækker norsk fyrretræ:
først flække med kile og mukkert
så videre med øksen
derpå deling med saven
og til sidst med øksen
den endelig udformning
af stykker der passer til ovnen
i den lille hytte han har lejet.
Han spiller på højfjeldshotellet
men bor i denne hytte
foreløbig alene.
Af og til kan han lugte
den søde syrlige duft af fyr
især når han bruger saven
(en Sandviken Enmands-skovsav)
men det er ganske flygtigt
for lugtesansen er næsten lammet
af atten graders frost.
Men solen skinner og himlen er klar
og her er fuldstandig vindstille
så han fryser ikke selv om
han ikke har noget på hodet.
Og det gir også varme
at svinge økse og mukkert.
Han passer nøje på når han saver
ikke at save i fingrene
for dem skal han bruge i aften
når der spilles op til dans på hotellet.

Chopping wood

In the middle of Norway there stands a musician
chopping wood for his son.
You can't tell that he's a musician
or that he's Danish,
as he stands there in ski pants
and his Norwegian sweater
splitting Norwegian spruce:
split first with a wedge and maul
followed by the axe
then cut to length with the saw
and lastly the axe
for final shaping
into pieces that fit the stove
in the little cabin he's rented.
He plays in the fjeld hotel
but lives in this cabin
alone for the time being.
Once in a while he can smell
the sweet acidic fragrance of pine
especially when he uses the saw
(a Sandvik one-man foresters saw)
but it is fairly elusive
since the sense of smell is almost paralyzed
by zero degrees Fahrenheit.
But the sun is shining the sky is clear
and there is no wind
so he's not cold even
with nothing on his head.
And it warms him
to swing the axe and maul.
He pays attention when he saws
so he doesn't cut his fingers
because he's going to need them tonight
when they play for dancing at the hotel.

Det er den første marts
nittensyvoghalvtreds
og hans søn er nøjagtig en måned gammel
og hans søn skal ikke fryse
derfor hugger han brænde
nok til adskillige dage.
Han har aldrig set sin søn
men har dog fejret hans fødsel
sammen med saxofonisten
med trommeslageren
og trommeslagerens kone
og trommeslagerens datter
der er syv år ligesom hans egen datter
og en kvindelig kok og en kelner
som de er gode venner med.
Det blev en munter nat.
Han vidste nok den dag
at det var ved at ske
men blev alligevel forbavset
da han fik telegram fra sin mor:
"Til lykke med drengen" stod der.
"Drengen" tænkte han forbavset
men regnede hurtigt ud
at barnet var blevet en dreng.
Det var en sær fornemmelse
at ha et ukendt barn i det fjerne
uden at kunne se det
uden at kunne sige god dag
derfor gik han den følgende måned
mere på ski end ellers
og huggede mere brænde end før
så den lille plads foran hytten
nu var fuld af brændestabler
nok til mange dage
men han blir alligevel ved
har svært ved at holde op

It is the first of March
nineteen fifty-seven
and his son is exactly one month old
and his son is not going to be cold
that's why he's chopping wood
enough for numerous days.
He has never seen his son
but he's celebrated his birth
with the saxophone player
the drummer
and the drummer's wife
and the drummer's daughter
who is seven just like his own daughter
and a female cook and a waiter
that they are good friends with.
It was a lively night.
He was aware that day
that it was about to happen
but still was surprised
when he got a telegram from his mother:
"Congratulations. It's a boy" it read.
"Boy?" he thought, surprised
but quickly figured out
that the baby was a boy.
It was a strange feeling
having an unknown baby far away
not being able to see it
not being able to say hello
that's why for the next month
he went skiing more than usual
and chopped wood more than before
so the little patio in front of the cabin
was now full of stacked firewood
enough for many days
but he keeps going anyway
can't stop

fordi han er så spændt på at se
og røre ved sit barn.
Der går endnu et par dage før
de kommer med toget fra Oslo hertil,
hans kone og datter med drengen.
Hvad mon han skal hedde
bortset fra efternavnet?
Solen går om bag en fjeldtop
og selvom der stadig ikke er skyer
kommer der enkelte snefnug
dalende lodret ned
på en musiker midt i Norge
der blir ved at hugge brænde.
Hans søn skal ikke fryse.

because he's so excited to see
and hold his child.
There's still a few days before
they arrive on the train from Oslo,
his wife and daughter and son.
What will they call him
aside from his last name?
The sun goes behind the top of a fjeld
and even though there still are no clouds
a few snowflakes begin
to drop straight down
on a musician in the middle of Norway
who keeps chopping wood.
His son is not going to be cold.

FØDDER

Det De ser her er fødder
opsvulmede af opsparede spark
og tilbageholdt dans
vriste systematisk fravristet spændstighed
forknytte knyster som eneste mærkbare forbindelse
med omverdenen
ofte er skoene mere levende end indholdet
Det De ser her er ikke dåserejer
men tæer
presset tæt sammen uden mulighed for samspil
for slet ikke tale om udspil
Kun et par uger om året
slippes de løs på en strand
vågner torteret af flaskeskår flintesten
splinter krabber rustne søm
gør sig små og dukneglede
for ikke at blive mere til
end højst nødvendigt
længes enigt tilbage
til den lune fugtige dødcelle.

Feet

What we see here are feet
swollen from saved up kicks
and suppressed dancing
elasticity systematically wrested from the insteps
dispirited bunions the only notable connection
to the outside world
the shoes are often more alive than the contents.
What we see here are not canned shrimp
but toes
pressed tightly together with no chance for interplay
and don't even think of letting them out to play
Only for a couple of weeks a year
are they let loose on a beach
waking tortured by glass shards flint stones
splinters crabs rusty nails
shrinking hunchnailed
to be no larger
than absolutely necessary
longing unanimously back to
their warm damp death cell.

Frülingsrauschen

Den endevendende tid da overleverede møl
　　og midler hænges ud til luftning
da pletter på vandelen træder skarpest frem
　　og gamle skrupler blir som ny
Den fagre tid da veltjente samvittigheder
　　sendes til rensning
fedtede kontaktflader hvidskures og
brudte aftaler af sig selv udskiller ny lim
Den forjættende tid da frosten går af øjnene
da ørerne læner sig faretruende ud
　　og håbet løber i vand
Den forstyrrede tid med uventede omslag i tilskyndelserne
da det længe søgte viser sig at være overflødigt
　　eller ligefrem råddent
da hærgede problemer udstøder sidste sukke
　　i takt med gøgens kukken
Den forunderlige tid
da formiddagshoste minder om rallen
da brustne udsyn pudses
udlevede lommer krænges
træer og tårer fældes
og hjertet sidder løst
hvor ophobet nedhobes
ugjort gøres
støbt strømmer
kondemnerede følelser overfyldes
til horisonten er et smykke om halsen
hvor trivialiteter dagligt timeligt
støder op til noget væsentligt brusende
hvor forskelle ikke længere kan undvære hinanden
　　　　i den vældende verden
　　　　　til den stigende grønne musik

Frülingsrauchen (Rustle of Spring)

The overturning time when the handed down moths
      and resources are hung out to air
when blemishes on conduct stick out the most
      and old scruples are again like new
The fair time when well-earned consciences
      are sent out for cleaning
greasy surfaces of contact are scrubbed white and
broken agreements secrete new glue all by themselves
The promising time when the frost leaves your eyes
when your ears tilt out alarmingly
      and your hopes are watering
The confused time with unexpected shifts in impulses
when the long-sought shows itself to be superfluous
      or just plain rotten
when ravaged problems utter their last gasp
      to the rhythm of the cuckoo's call
The strange time
when late morning coughs remind us of rattling in the chest
when glazed views are polished
fulfilled pockets turned inside-out
trees and tears are felled
and the heart is loosened
where the accumulation is decumulated
the undone done
the molded flowing
condemned feelings are overfilled
until the horizon is jewelry around your neck
where trivialities daily, hourly
are adjacent to something essentially effervescent
where differences can no longer do without one another
      in the gushing world
      to the rising green music

den magiske tid da det usete kommer til syne
og det uhørte høres
solsorten ler
træerne har åbnet mange små grønne øjne
når man vågner synsk og hørsk.

the magical time when the unseen appears
        and the unheard of is heard
the blackbird laughs
the trees have opened numerous small green eyes
        when you awake clairvoyant and clairaudient.

LIGE FØR FORÅR

Der står i den frysende morgen
en tone der snart vil tø.
Om lidt er stilheden moden
og åbner sig som et frø.

I denne luft er der farver
dit øje ikke kan se.
De venter som dybder i rummet
over den blinde sne.

Stille. Vent med at tale.
Sæt ikke noget i gang.
En dråbe stilhed mere
og luften er fuld af sang.

Just Before Spring

There in the freezing morning
hangs a sound that soon will thaw.
The quiet is almost ripe,
opening like a seed.

In this air there are colors
your eye cannot see.
They wait like depths in the expanse
over the blind snow.

Quiet. Don't speak yet.
Don't start anything.
One more drop of silence
and the air will be full of song.

PSYKEN

The psyche

Et andet sted

Tanker ender blindt som hår i håndvask
øjne ser hver udsigt som maskeret mur
hvert fingerpeg forsegles med en negl
blomster står på lur i en vase
fra læbe til kys er der
en lang mørk gang med rotter

Hvor der engang var håb er der anbragt
en nøgen brændende pære
som kun fluer og møl tror blindt på

Slår man op i en bog
udstøder den et råb om hjælp
skriver man et brev
går ordene gennem papirets tynde is
og drukner liså stille
man hører tydeligt fluerne falde til gulvet
og tøjet vånde i skabet

For hvert kvarter der går
rykker væggene lidt nærmere
det går knapt så hurtigt med loftet

Jeg kender udmærket stedet
har straks lidt sværere ved at udpege det
ud over at det altid er lige i nærheden
man ved det så snart man er der
og der er ingen vej udenom.

Another place

Thoughts dead end like hair in a sink
eyes see every vista as a camouflaged wall
every pointing finger is sealed with a nail
flowers stand lurking in a vase
from lip to kiss there is
a long dark hallway with rats

Where once there was hope there is mounted
a naked burning bulb
that only flies and moths blindly believe in

If you open a book
it lets out a cry for help
if you write a letter
the words penetrate the paper's thin ice
and drown ever so quietly
you clearly hear the flies falling to the floor
and clothing moaning in the closet

With every quarter hour that passes
the walls pull in a little closer
the ceiling not quite as fast

I know this place well
I have some difficulty pointing it out just now
except that it's always nearby
you know it as soon as you're there
and there's no way around it.

Alt

Det er ikke bare noget
Det er mere end noget
for meget
hvordan begynde
andre er sikkert begyndt på det samme
men faldet fra
for overvældende
og hvor mange får ikke engang begyndt
og så dem der er tilfredse med
bare at få begyndt
hævder at
godt begyndt
er halvt fuldendt
Er der noget så pinligt
som halvt fuldendt
Så hellere blive ved med at begynde
Godt begyndt
er helt begndt
Godt begyndt
er at komme til verden
Findes der smukkere udtryk på jord
At komme til verden
At Komme Til Verden
Der findes andre smukke udtryk
At elske
At være lykkelig
At gøre lykkelig
At glæde sig ved livet
men hvad var de værd
hvis man ikke kom til verden
Ikke blev BRAGT til verden
SAT i verden
eller på anden måde tvunget ind i noget
men kom slentrende ude fra rummet

Everything

It's not just something
It's more than something
too much
how to begin
others have surely tried this
but couldn't finish
too overwhelmed
and how many don't even start
and then those who are satisfied
just to start
claim that
well begun
is half done
Is there anything so pitiful
as half done
Better to just keep starting
Well begun
is totally begun
Well begun
is arriving in the world
Is there a more beautiful expression on earth
To arrive in the world
To Arrive In The World
There are other beautiful expressions
To love
To be happy
To make happy
To be glad to be alive
But what good would they be
if you didn't arrive in the world
You weren't *brought* to the world
placed in the world
or in another way forced into something
but you came strolling out of space

havde masser af tid
og ikke særlig andet at lave
og fik øje på verden
og tænkte
Aha
Der er noget dér
der kunne jeg tænke mig at slå mig ned
og se dagens lys
Hvilken tillid der ligger i de par ord
At komme til verden
Det er alt
hvad det drejer sig om.

had lots of time
and nothing else in particular to do
and the world caught your eye
and you thought
Aha
There's something over there
I wouldn't mind settling down there
and see the light of day
What faith these few words contain
To arrive in the world
That is what
it's all about.

Venskab

Jeg kommer og læsser af
sparker døren op før du åbner
traver hen over dig med mine byrder og sække
får dig sat op i en stol
stiver dig af med puder og forsikringer
hold dig nu fast
første sæk hældes over dit hoved
brugte bekymringer, askemistro, afgnavede fornærmelser
      skræller og modgangsgrums
du må hjælpe mig, den går ikke længer
løft dit hoved og sig: hold ud!
nu anden sæk, med sammenbrændte planer
rester af rejser, flækket fremtid
      og gæret forventning
du har stadig armene fri
og rækker mig smilende hånden: fat mod
lad dig ikke gå på!
tak for de ord, nu går det lidt bedre
klar til tredie og sidste sæk
med lidt af hvert, bagvendte visirer
dåser der har været krig i
nussede kort over ømme punkter
døde der går igen for et firma
lad os mindes Amanda i tørvene
vor stiftpiskede pubertet
alt for dig og kun for dig
jeg vender mine lommer
      det sidste jeg har
lidt sjælekrads lidt hilseuld
      en enkelt karamel
forstår du mig nu
      derinde i bunken

Friendship

I come to unload
kick open the door before you open
trudge in over you with my burdens and bags
get you positioned in a chair
prop you up with pillows and assurances
now hold on tight
the first sack is dumped out over your head
used worries, charred doubt, gnawed-off insults
      peelings and dregs of adversity
you have to help me, I can't take it anymore
lift your head and say: hang in there!
now the second sack, with incinerated plans
travel leftovers, fissured future
      and fermented expectation
you still have your arms free
and smiling offer your hand: have courage
don't let it get to you!
thanks for these words, I feel a little better now
ready for the third and final sack
with all kinds of things, reversed visors
cans there has been a war in
dingy maps of sore points
dead risen for a business
let us remember Amanda in the peat moss
our stiffly beaten puberty
everything for you and only for you
I turn my pockets inside out
      the last I have
a bit of soul scrapings bit of greeting lint
      a single caramel
now do you understand me
      down there in the pile

jeg slår toppen af, graver åndehul
ned til dit ansigt, lægger øret til
hører dig stønne overvældet:
Stå fast og kæmp!
lettet lister jeg bort
sådan taler kun en virkelig ven.

I knock off the top, dig an air hole
down to your face, put my ear to it
hear you groan overwhelmed:
Stand your ground and fight!
relieved I slip away
only a true friend talks like that.

GODHED

Jeg har altid prøvet at være god
det er meget krævende
jeg er en hel hund efter at gøre noget for nogen
holde frakker
        døre
            pladser
skaffe nogen ind ved et eller andet og lignende
brede armene ud
lade nogen græde ud ved min skjorte
men når lejligheden er der
blir jeg fuldstændig stiv
vel nok en slags generthed
jeg rusker i mig selv
slå nu armene ud
men det er svært at ofre sig
      når nogen kigger på det
så svært at være god
      i længere tid ad gangen
som at holde vejret
men ved daglig øvelse
er jeg nu nået op på en time
hvis ikke jeg blir forstyrret
jeg sidder helt alene
med uret foran mig
breder armene ud
      gang på gang
der er ikke spor i vejen
jeg er egentlig bedst
når jeg er helt alene.

Goodness

I have always tried to be good
it is very demanding
doggedly I seek
        to do something for someone
hold coats
        doors
                places in line
get someone in to something or other
                and that kind of thing
spread out my arms
let someone have a good cry on my shirt
but when the opportunity arises
I go completely stiff
must be a kind of shyness
I shake myself –
now open your arms wide –
but it is so hard to offer yourself up
        when someone is watching
so hard to be good
        for an extended period
like holding your breath
but with daily training
I'm now up to an hour
if I'm not disturbed
I sit all alone
with the clock in front of me
spread out my arms
        again and again
it's no problem at all
I'm actually best
when I'm all alone.

LYKKEN

Der er noget særligt ved lykken
man kan blive helt glad
når man møder den
men også beklemt
står stille lidt
lister sig så varsomt frem
som i et minefelt
og hver gang man sætter foden ned
uden at ryge i luften
glemmer man enten at nyde lykken
eller blir sur over ikke at vide
hvor længe den varer
så når modgangen endelig melder sig
er det en lettelse
som om man er kommet i sikkerhed
det er nu skammeligt
for der er noget særligt ved lykken
som man ellers ikke møder
måske ligger fejlen dér
man kender for lidt til den
burde sætte sig mere ind i den
jeg tror det er en træningssag.

Happiness

There's something special about happiness
you can be really glad
when you feel it
but also anxious
you freeze for a second
then slowly step forward cautiously
like in a minefield
and every time you put a foot down
without being blown up
you either forget to enjoy your happiness
or you're upset over not knowing
how long it will last
so when adversity finally makes its appearance
it's a relief
like you've made it to safety again
it's a shame
because there's something special about happiness
that you don't otherwise come across
maybe that's the problem
we don't know it well enough
should learn more about it
I think it's a matter of training.

Man burde

Bløde lyde smuldres mod ruden
lommemumlen
skorpeskutten
vatgny
gadens maveknurren
klang af fjerne gummikødben
filtbassiner fyldes
visere stryger tæt forbi hinanden
luften middagssyrlig af ledninger
ir
og væltede blækhatte

man burde gå i gang
børste klips og krummer af sig
finde ud af noget
indfinde sig
styrte ud i Vanløse med opsmøget sjæl
Vanløse uden klips
uden noder
uden videre
man burde blande sig
i et kort vildt nu omgås brødkuske
piloter
og næppe overkørte børn
og ind imellem foretage spændstige indkøb
af nøgleringe, svampeatlas, knystskånere
komme til orde
til sin ret
komme til
omsider synke sin indre bowlerhat
man burde leve
ikke mindst livet
timen
fristen
man burde burde

I OUGHT TO

Soft sounds disintegrate against the window pane
pocketmumble
crustcrumble
cottonclamor
the street's stomach rumble
sound of distant rubber soup bones
felt pools are being filled
clock hands glide close by one another
the air noonsour from cables
verdigris
and overturned inky caps

I ought to get going
brush off clips and crumbs
figure out something
figure in something
dash out in Vanløse with rolled up soul
Vanløse without clips
without sheet music
without delay
I ought to get involved
in a short wild now associate with bakery deliverymen
pilots
and nearly-run-over children
and in between undertake dynamic shopping
of key rings, mushroom atlases, bunion cushions
come to be heard
come into my own
arrive
eventually swallow my inner bowler hat
I ought to live
life not least of all
the hour
the deadline
I ought to ought to

eller man burde hvile først
man har tiden for sig
tiden bag sig
har endnu gammel fråde om munden
man burde samle kræfter
hvile intenst
nådeløst
holde vejret
stillingen
stangen
lude energisk ind i sig selv som en høstak
dynge alle middagslumre impulser oven i hinanden
og knurrende afvente selvantændelsen

or I ought to rest first
I have time in front of me
time behind me
still have old foam around my mouth
I ought to gather strength
rest intensely
unmercifully
hold my breath
my position
my own
droop energetically in on myself like a haystack
pile all afternoon nap impulses on top of one another
and growling wait for self-ignition

Afkroge er ikke hvad de har været

Man leder efter et ord
og finder et sprog

Man kysser en mund
og blir gift med et folk

Man graver i haven
og støder på en planet

Man ser forundret op
og man er forår

Out-of-the-way Places Are Not What They Once Were

You search for a word
and discover a language

You kiss a mouth
and marry a people

You dig in the yard
and come upon a planet

Surprised you look up
and you are spring

Det oprørske skelet

På en måde forstår jeg godt mit skelet
Når jeg ligger og tar solbad får det aldrig lov
til at komme lidt ud i solen
det må føles ydmygende
formynderisk
det eneste der kan se sit snit
til at stikke frem
er et par tænder jeg har tilbage
og mine korte negle
ellers anes det kun som buler
knoer og knyster under huden
plus et par enkelte knæskaller
resten er henvist til et liv på skyggesiden
og mens jeg ligger der og langsomt tørrer ind
fornemmer jeg min benrads fosforescerende harme:
Bliv endelig liggende
skeletundertrykker
gamle ribbensfascist
hvirvelimperialist
bliv liggende eller bedre
rådn snarest op
så jeg kan befri mig for dig
og realisere alle skeletters retmæssige drøm
at danse lettet hen over engen
med le i hånd og smil om tand
og tomme øjenhuler
åh omsider at være i stand til
at rasle med hele sin stolte benrad
befriet for dine slappe deller
sentimentale indvolde
blødsødne hjerne
åh omsider at være i stand til
uhindret at kunne skræmme sig frem
vil du i verden frem

The rebellious skeleton

In a way I can understand how my skeleton must feel
When I'm lying out sunbathing it is never allowed
to get a little sun
it must feel humiliating
patronizing
the only things that get their chance
to stick out
are the few teeth I have left
and my short nails
otherwise they are perceived only as bumps
knuckles and bunions under the skin
plus a couple of kneecaps
the rest is reduced to a life in the shadows
and while I lie there slowly dehydrating
I sense my skeleton's phosphorescent indignation:
Just keep lying there
skeleton oppressor
old rib-fascist
vertebra-imperialist
keep lying there or even better
rot as soon as possible
so I can liberate myself from you
and realize the legitimate dream of every skeleton
to dance freely away over the meadow
with scythe in hand and a toothy grin
and empty eye sockets
oh to finally be able
to rattle with my entire proud rack of bones
free of your sagging rolls of fat
sentimental organs
sloppy brain
oh to finally be able
unhindered to frighten my way forth
if you want to get ahead in the world

så skræm
åh omsider at være i stand til
at glæde sig over de små børns skrig
at klapre mod månen
klirre mod solen
måske vil min ringlende sejrsfærd
kulminere på Kongens Nytorv
på det Kongelige Teater
en rolle i en Flindt-ballet
eller hvad med en tid at stå model
for en ung og succesrig morbid maler
i betragtning af hvad jeg ellers
har måttet stå model til fra din side
så bliv endelig liggende
gamle knogleracist
nu er min tid kommet
slip skeletterne løs
det er vår

Så farer jeg op med et sæt
styrter hjem
børster som rasende
hvad jeg nu har at børste af tænder

Jeg føler med min livstidsfange
ville ønske jeg kunne gøre noget
men er for fej og ømfindtlig til ligefrem
at arrangere et åbent skinnebensbrud
så det ku få et lille glimt af verden udenfor
men det vil vare længe før
jeg klipper mine negle.

scare them
oh to finally be able
to rejoice over the screams of small children
to rattle at the moon
clank at the sun
perhaps my jiggling victory march will
culminate at King's New Square
at the Royal Theater
a role in a Flindt ballet
or how about a session modeling
for a young and successful morbid painter
considering how I otherwise
have had to pose for your sake
so just keep laying there
old bone-racist
now my time has come
release the skeletons
it is spring

Then I jump up with a start
race home
madly brush my teeth
what teeth I have left to brush

I feel for my lifelong prisoner
wish I could do something
but I'm too cowardly and sensitive to come right out
and arrange a compound fracture of my shin
so it could get a small glimpse of the world outside
but it will be a good long while before
I cut my nails.

Reserveret

Jeg har set afbildninger.
De to kamre,
højre, venstre, for- og bag-,
en corona af arterier, vener, aorta
skønsomt klippet af a la gasslange
af pladshensyn.
Jeg har hørt og læst om hjerternes
møde/svulmen/afgrunde/forhærdelse
ganske kønt og interessant
men noget overspændt.
Selv har jeg kun firkantede erfaringer,
bor i en kasse,
har mad i en kasse,
penge i sparekassen,
lytter til radiokassen,
ser på TVkassen.
Mit hjerte er kasseformet.
Hjørnerne gir fæle sting.
Mit hjerte er en kasse,
muligvis en kiste,
denne banken holder mig vågen om natten.
Muligvis en kiste.
Jeg tør ikke lukke op.

Reserved

I have seen depictions.
The two chambers,
right, left, front and back,
a corona of arteries, veins, aorta
judiciously cut off like a gas line
due to lack of room.
I have heard and read about the heart's
meeting/filling/bottom/hardening
very nice and interesting
but rather exaggerated.
Me, I have only square experiences
live in a box
have food in a box
valuables in a bank box
listen to a boom box
watch the idiot box.
My heart is box-shaped.
The corners give nasty stings.
My heart is a box,
maybe a casket,
this beating keeps me awake at night.
Maybe a casket.
I don't dare open up.

Rastløshed

Min kuffert gaber anråbende
Mad mig
mæt mig med sokker
mæsk mig med skjorter og undertøj
fyld mig med folder
prop mig med længsler og barbergrej
jeg ber dig
und mig endnu en gang
at blive tumlet rundt i bagagerum
henvist til bagsæder
hundset med på transportbånd
lad mig tømmes
fortoldes
og fyldes påny
med sure sokker
halvtømte flasker
bortførte askebægre
lad mit indre flyde ud over fremmede lagner
hænge på spændende bøjler
svuppe i bidet'er med guttural accent

Men allerhelst
Glem mig et sted
i en afsides synagoge
i en jungle eller en opiumshule
på toppen af Kilimanjaro
på bunden af storbyen
på hjørnet af en ørken
eller tabt bag en hundeslæde
under nordlyset
under sydkorset
undervejs
lige meget hvor
bare ikke her

Restlessness

My suitcase opens wide imploring
Feed me
fill me with socks
stuff me with shirts and underwear
fatten me with folded things
load me with longings and a shaving kit
I ask you please
give me one more chance
to be tumbled around in a trunk
relegated to backseats
treated like a dog on conveyor belts
let me be emptied
put through customs
and refilled
with dirty socks
half-emptied bottles
abducted ashtrays
let my contents spill out onto foreign sheets
hang on interesting hangers
plop in bidets with a guttural accent.

But most of all
Forget me someplace
in an out-of-the-way synagogue
in a jungle or an opium den
on the top of Kilimanjaro
on the bottom of the big city
in the corner of a desert
or dropped off of a dogsled
under the northern lights
under the southern cross
underway
it doesn't matter where
just not here

hvor man ved hvad man har
hvor man ved der aldrig vil ske en noget
tag mig med
frels mig
lad mig aldrig vende tilbage
til denne knugende tryghed

where you know what you've got
where you know nothing will happen to you
take me with you
save me
let me never return
to this suffocating security

Syvsover

Umulige umådelige morgen
hvor man aldrig kommer ud af sengen
eller blot når frem til dens udkant
så vidtstrakt er den
på størrelse med et amt
man ormer sig vej
under klam lavthængende dyne
enlig vildfaren spermatozo
har ikke kondition til at nå frem
må standse
trække vejret og modet
nu ingen svedig panik på lagnet
der er endnu uprøvede folder at følge
ingen trafik at ta hensyn til
man ventes derude ved dynegrænsen
med spørgsmål, aftaler, slidske, slips
man ventes at vågne
man har pligt til at grave sig ud
en gang om dagen
og vise sig
spise lidt
vokse lidt
stille op og vente på sin tur
strække sig
bøje sig
skrive under på noget eller danse
tage stilling
tage ved lære
tage ved
men jeg blir mat i bevægelserne
af al denne dyne
der skyder sig frem foran mig som en bræ
hvad forplanter sig gennem dun
send et filtagtigt morse ud

Sleepyhead

Impossible immense morning
when you never get out of bed
or only reach its outer edge
it's so extensive
the size of a county
you burrow your way
under clammy low-hanging comforter
single stray spermatozoon
don't have the stamina to make it through
have to stop
catch your breath and your nerve
now no sweaty panic on the sheets
there are still untried folds to follow
no traffic to watch out for
they are waiting for you out there at the comforter border
with questions, meetings, slippery slopes, neckties
they are waiting for you to wake up
it is your duty to dig your way out
once a day
and show yourself
eat a little
grow a little
show up and wait your turn
stretch yourself
bend
sign something or dance
take a position
take in something
take part
but my movements go weak
from all this comforter
that stretches before me like a glacier
what can be transmitted through down
send out a felted telegram

til trippende foresatte
teklaprende nærmeste
vægthavende opdragere og kreditorer:
jeg er i live men på forhånd afkræftet
sæt en eftersøgning i gang
med radar, frømænd, sct. Bernhardshunde.

to fidgeting superiors
tea-clattering near and dear ones
on-duty pedagogues and creditors:
I am alive but have been debilitated
start a search
with radar, frogmen, St. Bernards.

Smil

Jeg blev født med et vræl
skrålende modtog jeg dåben
tudede når jeg blev tævet
skreg når bier stak mig
men blev gradvis mere dansk
lærte at smile til verden
til fotografen
                til læger
                              betjente og lokkere
blev borger i smilets land
smil holder fluerne borte og sindet rent
og tænderne har godt af lys og luft
kommer du for sent
går du fallit
blir du kørt over
bare smil
turister strømmer til
for at se smilende trafikofre
klukkende husvilde
kaglende efterladte

jeg kan ikke få mit smil af
undertiden vil jeg græde
eller bare hænge med skuffen
eller protestere mod andre smil
der dækker over råddenskab og blodtørst
men mit eget smil er i vejen
rager ud som kofanger
river hatte og briller af folk
jeg bærer med smil mit smil
            mit halvmåneåg
hvorpå man hænger bekymringer til tørre
jeg må lægge hodet på siden
når jeg skal gennem en dør
jeg er borger i smilets land
det er ikke spor morsomt.

Smile

I was born with a wail
bawling I was baptized
cried when I was hit
screamed when stung by a bee
but gradually I became more Danish
learned to smile at the world
at the photographer
        at doctors
                police officers and perverts
became a resident of the land of the smile
a smile keeps away flies and keeps the mind clean
light and air are good for the teeth
if you're late
go bankrupt
get run over
just smile
the tourists come streaming
to see smiling traffic casualties
chuckling homeless
cackling bereaved

I can't get rid of my smile
sometimes I want to cry
or just be down in the mouth
or protest the smiles of others
that cover over rottenness and bloodthirst
but my own smile is in the way
juts out like a cow-catcher
rips hats and glasses off of people
I bear my smile with a smile
        my half-moon yoke
on which I hang worries to dry
I have to turn my head sideways
when I pass through a doorway
I am a resident of the land of the smile
it is not funny at all.

Noget at leve op til

Jeg tæller ikke ligefrem mine døde
noterer mig bare at tallet stiger støt
men hvad er døde tal
mod sprældøde venner

Jeg har ikke noget imod døde
nogle af mine bedste venner er døde
det påfaldende er blot deres
usvækkende livskraft
modsat adskillige nulevende som er
mere døde end levende
jeg kender flere uafdøde
som keder mig til døde
mens de rigtige døde
de professionelle
har det med at gå igen
på uventede tidspunkter
blander sig i alt
sætter skub i en kedelig samtale
får syrener til at blomstre midt om vinteren
kalder latter frem under en tandudtrækning
kalder vreden frem under en blodfattig TV-reklame
får en til at læse den bog igen
som man ellers havde svoret aldrig
at ville læse mere
minder en om at Limfjorden er til
at man har oplevet ufattelige nordlys
at regn kan smage forskelligt

Otte ti sprøde toner
og jeg mærker dit solvarme hår
kilde mig i øret
og din unge mund mod mine læber

Something to Live Up To

I don't really count my dead
just notice that the amount is increasing steadily
but what are dead numbers
compared with dead-and-kicking friends

I have nothing against the dead
some of my best friends are dead
what strikes me is just their
unfailing life-energy
seen alongside numerous living that are
more dead than alive
I know more not-dead
who bore me to death
while the really dead
the professional
are up and moving again
at unexpected moments
getting mixed up in everything
putting some heat into a boring conversation
getting the lilacs to bloom in the middle of winter
calling forth laughter during a tooth extraction
calling forth anger during an anemic TV commercial
getting me to read that book again
that I otherwise had sworn never
to read anymore
reminding me that the Limfjord exists
that I have experienced inconceivable northern lights
that rain can taste different

Eight nine crisp tones
and I feel your sun-warmed hair
tickle my ear
and your young mouth against my lips

En duft af terpentin
klassens tykke dreng
du sårbare grinebider
vi forsøgte engang at blande blod
men kom til at grine og opgav
og vi jublede af grin ved at opdage
at en skovrider kunne udtales som sko-vrider
Derpå farvehandlerlærling
udvandrede til Amerika
lige tidsnok til at komme med i Koreakrigen
som du aldrig ville tale om
men ellers tyk og glad til det sidste
da du sank sammen i din lille japanske kones arme

En blomstrende hybenbusk
en lyshåret pige med rolige
smilende bevægelser
leukæmi
fem år

Piberøg og porsesnaps
skipperlabskovs og Ella Fitzgerald
hos Tut og Arne i Brønshøj
og det klaver der gabede som en flodhest
man blev nødt til at spille for at stoppe kæften på det
men hvordan bar man sig ad med at danse samtidig
og diskutere Ouspenski og den fjerde dimension
og Buddha og Huxley og Eartha Kitt
og Freud og Kafka og PH og Liva Weel
og når vi hørte de første fuglefløjt
og lugtede nyhentede rundstykker
nåede udmattelsen det punkt
hvor den udmattet af sig selv
kammede over i hidtil ukendt vågenhed
klaveret begyndte at spille på sig selv
dansen dansede sig selv

The smell of turpentine
our grade's fat boy
you vulnerable giggler
once we tried to mix our blood
but started laughing and gave up
and we laughed ourselves silly when we discovered
that bachelor of arts could be pronounced bachelor o' farts
Then paint company trainee
emigrated to America
just in time to get into the Korean War
which you would never talk about
but otherwise fat and happy to the end
when you collapsed into your little Japanese wife's arms

A flowering rose bush
a light-haired girl with easy
smiling movements
leukemia
five years old

Pipe smoke and aquavit
captain's stew and Ella Fitzgerald
with Tut and Arne in Brønshøj
and that piano that yawned like a hippopotamus
you had to play to gag its mouth
but how did we manage to dance while
discussing Ouspenski and the fourth dimension
and Buddha and Huxley and Eartha Kitt
and Freud and Kafka and PH and Liva Weel
and when we heard the first birdsongs
and smelled the fresh bakery rolls
our exhaustion reached the point
where it exhausted itself
crested over in hitherto unknown awakeness
the piano started playing itself
the dance danced itself

skodder sprang op fra ens øjne
og jeres ansigter var så smukke og kloge
at man blev nødt til at kaste en kurvestol
tværs gennem den fjerde dimension
ud på terrassen samtidig med at man
ene mand tostemmigt afsang
Underlige aftenlufte
og Should Auld Acquaintance Be Forgot
for ikke at blive rablende sindssyg

En sagte raslen i birkens blade
en solsort der standser og kigger på en
en linje i et gammelt digt
en særlig revne i en flise
kan vise sig at være lyssprækker
ind til mit skøre Hades
befolket med elskede spøgelser

Visse gespenster har meget smukke bryster
en mørk og gylden latter
andre er noget ved musikken
for tiden har man et gengangerband
bestående af harmonika og guitar
trommer og tenorsax
violin og cello
plus hele to bassister
de spiller en slags fusionsmusik
jazz og Mozart
sømandsvals og reggae
Carl Nielsen med afrobeat

Jeg frygter ikke de døde
jeg frygter mere de levende
som godt kan ta livsmodet fra mig
men de døde gir mig oplevelser for livet
åh hvad var livet uden jer

shutters sprang open in front of my eyes
and your faces were so beautiful and intelligent
that I had to throw a wicker chair
through the fourth dimension
out onto the porch while I
alone sang the duet finale
Underlige aftenlufte
and *Should Auld Acquaintance Be Forgot*
so as not to become a babbling idiot

A quiet rustle in the birch tree
a blackbird stops and looks at me
a line in an old poem
a peculiar break in the sidewalk
can turn out to be peepholes
into my crazy Hades
populated by beloved ghosts

Certain specters have very beautiful breasts
a dark and golden laughter
others are distinguished
for now I've got a zombie band
consisting of accordion and guitar
drums and tenor sax
violin and cello
plus two whole bassists
they play a kind of fusion music
jazz and Mozart
maritime waltzes and reggae
Carl Nielsen with an afro-beat

I'm not afraid of the dead
I'm more afraid of the living
who so easily can sap my zest for life
but the dead give me lifelong experiences
oh, what would life be without you

mine utrættelige vejledere i
hvor levende livet kan være
og så swinger det oven i købet

Dog må jeg passe en smule på
de står altid og mangler en pianist
og dér står jeg altså af.

my tireless guides in
how alive life can be
and it swings like crazy, too

But I've got to be a little careful
they're always needing a pianist
and that's where I draw the line.

Sorrig og glæde

I mange år
        tog jeg sorgerne på forskud.
Det har jeg ikke haft glæde af
før nu hvor sorgerne endelig
        begynder at gøre sig gældende
og jeg for alvor kan begynde
        at glæde mig til sorgløse dage.

Sorrow and joy

For many years
      I anticipated sorrows.
It gave me no joy
until now when the sorrows finally
      are beginning to make themselves felt
and I can begin in earnest
      to look ahead with joy to days without sorrow.

SJÆLEN

Min sjæl virker ikke rigtig
jeg har så meget i mig
som jeg ikke kan få ud
har ikke selv brug for det
men måske var det noget for andre
kunne redde en eller anden
fra et eller andet
give lidt støtte når det gjaldt
folk går forbi
med væskende livslede
gabende problemer
og jeg har løsningen i mig
men det er det med at få den ud
jeg står på hovedet
slår vejrmøller
kraftspring
men det er alt muligt andet
der kommer ud
beklagelser
forbehold
rettelser til gamle minder
sådan er jeg i virkeligheden ikke
jeg mærker det tydeligt
det sidder lige i halsen
hovedet føles som en champagneprop
jeg ryster mig lidt og siger
et øjeblik
om lidt kommer knaldet
så er der livsglæde til alle
men folk blir trætte af at vente
hvis bare man troede på mig
skulle knaldet nok komme
men folk har ikke tid
tror bare det er det sædvanlige

The Soul

My soul is not really working
I have so much inside
that I can't get out
I don't have any use for it
but maybe someone else would
could save someone
from something
give a little support at a critical moment
people go by
oozing suffering
with gaping problems
and I have the solution inside me
but it's just getting it out
I stand on my head
do cartwheels
flips
but all kinds of other things
come out
excuses
reservations
corrections to old memories
I'm not really like that
I can almost taste it
it's stuck in my throat
my head feels like a champagne cork
I shake myself up and say
just a second
here comes the big bang
then everyone will be happy
but people get tired of waiting
if only they believed in me
the big bang would come
but people don't have time
think it's just the usual

aner ikke hvad de går glip af
og der står jeg
miskendt vulkan
brænder inde med min lava
jeg må prøve en gang til
vent lige et øjeblik –

don't know what they're missing
and there I am
misunderstood volcano
burning to let out my lava
I've got to try again
Give me a second –

HER ER

Her er den store by hvor vi bor
Her er den smalle gade i den store by hvor vi bor
Her er det gamle hus i den smalle gade i den store by hvor vi bor
Her er du i det hus
ja her er du
og her er jeg
midt i en sætning
midt i et AT der rækker sig i alle retninger
som larven for enden af et strå
Her er det AT som virrer rundt for enden af noget
der ikke når længere i øjeblikket
som en masteakrobat jeg så som barn
masten var høj og ranglet og svajede
otte meter til hver side ifølge min far
Jeg fik ondt i halsen af at kigge så højt
men slap dog billigt i forhold til vovehalsen
der senere
eller var det hans forgænger
brækkede mast og hals
Her er den hals som bær det hoved som husker den hals
der enten før eller senere faldt ned fra den svajende mast
og knak imod brolægningen på gaden i den forstad
hvor jeg strakte hals efter den formastelige
og herfra stammer min senere svaghed for at klatre
i skibsmaster lysmaster eventuelt lygtepæle
Her er den forpuppede person
der kom af det barn ved den mast i den forstad
til den store by hvor vi bor
den dinglende hovedstad for enden af vejen
der gik gennem min klamrende forstad
min nakkeværkende barndom
min prøveklatrende ungdom
Her er den rygrad som fører op til den hals
som bær det hoved som bruger de øjne

This is

This is the big city where we live
This is the narrow street in the big city where we live
This is the old house in the narrow street in the big city where we live
This is you in that house
yes, this is you
and this is me
in the middle of a sentence
in the middle of a *to* that stretches in all directions
like a larva at the end of a stem
This is the *to* that spins around at the end of something
which extends no farther at the moment
like a pole acrobat I saw as a child
the pole was tall and thin and swayed
eight meters to each side according to my father
My neck hurt from looking up so high
but I got off easy compared to the daredevil
who later
or was it his predecessor
broke his pole and his neck
This is the neck that bears the head that remembers that neck
that either sooner or later fell down from the swaying pole
and cracked against the pavement on the street in that suburb
where I craned my neck towards the presumptuous
and here is where I get my later weakness for climbing
in ship's masts, telephone poles and sometimes streetlights.
This is the cocooned person
who came from that child by that pole in that suburb
to the big city where we live
the swaying capitol at the end of the road
that went through my clinging suburb
my neck-aching childhood
my climb-experimenting adolescence
This is the spine that leads up to the neck
that bears the head that uses those eyes

som så den svajende akrobat for enden af den mast
i den forstad som klamrer sig til den store overbefolkede by hvor vi bor
Her er det hoved som svajer på toppen af den endnu ranke rygrad
for dine øjne
otte tanker til hver side
Her er dine øjne som er rettet mod det AT
som jeg fik øje på for enden af den svajende mast
i den barndom jeg nu er klatret op fra
til det punkt hvor jeg ikke kan komme videre
Her er det AT
og her er du
ja her er du
Ræk mig en lillefinger.

that saw that swaying acrobat at the end of the pole
in that suburb clinging to the big overpopulated city where we live
This is the head that sways on the top of that still erect spine
before your eyes
eight thoughts to each side
These are your eyes that are looking at the *to*
that I spied at the end of the swaying pole
in that childhood that I now have climbed up from
to the point where I can go no further
This is that *to*
and this is you
yes this is you
Stick out your pinky.

TRÆD VARSOMT

Af og til kan man fyldes af glæde
på en måde der er helt utidssvarende
Hvis man røbede omfanget af den
ville det virke stødende
som om man var glædesblotter
man risikerede at blive pålignet
en særlig forlystelsesskat
eller i bedste fald slippe med en advarsel
Lad det ikke ske igen
og aldrig i andres påsyn

Det kan skyldes synet af en blomst i vejkanten
en pludselig indsigt i dens fuldkommenhed
den står der og er blomst på en genial måde
som om det var det naturligste i verden
hvad det naturligvis også er
men man ville næppe slippe godt fra
at fortælle det til andre
Se engang hvor blomst den er
den blomsteste blomst i miles omkreds
blomst helt ud i bladspidserne
ikke ét overflødigt blad
det er virkelig professionelt arbejde
alt i den
rod
stængel
kronblade
støvdragere
udfylder indefra dens blomsthed
til dens yderste grænse
MEN
og her kommer vi til det geniale
den overskrider endog denne grænse
i kraft af sin vellugt

Watch your step

Once in a while you can be filled with joy
in a way that is totally out of place
If you revealed the extent of it
it would seem shocking
as if you were a joy-exposer
you would risk being assessed
a special entertainment tax
or in the best case get off with a warning
Don't let it happen again
and never in the presence of others

It could be caused by the sight of a flower by the roadside
a sudden insight into its perfection
it stands there and is a flower in an ingenious way
as if it were the most natural thing in the world
which it most naturally is
but you can't resist
telling others about it
Look how flowery that is
the flowerest flower for miles around
a flower out to its very leaf tips
not one superfluous leaf
this is truly professional work
everything about it
root
stem
petals
stamens
complete flowerness from deep within
to its outer limit
But –
and here comes the ingenious part
it exceeds even this limit
on the strength of its scent

i kraft af sin skønhed
som når mange meter væk
se selv
lugt selv
glæd jer selv

Folk ville stirre rystet på en
eller med pegefingeren foretage
en drejende bevægelse ud for tindingen

Eller det går op for én hvilket mirakel
det egentlig er at man
er samtidig med sin elskede
menneskeheden har jo millioner år på bagen
sammenlagt er det store tal vi taler om
og naturligvis har mange af dem mødt hinanden
en eller flere gange
men prøv så at regne ud hvor mange mennesker
der gennem tiderne aldrig har mødt hinanden
her er vi oppe i astronomiske tal
og nu kommer det virkelig spændende
Hvis nu nogle af dem
som vitterlig aldrig har mødt hinanden
alligevel fik chancen
mødtes i samme århundrede
på samme sted
ville mange af dem ikke have
noget at sige til hinanden
ville sidde forlegne
trille tommelfingre
forestil jer det
trillioner af trillende tommelfingre
og skotte ud ad vinduet
hvordan mon vejret blir i morgen
og ønske sig langt væk
hvad de jo så heldigvis også var i virkeligheden

on the strength of its beauty
that extend out several meters
see for yourself
smell for yourself
enjoy for yourself

People would stare at you shocked
or with their index finger undertake
a turning motion by their temples

Or it dawns on you what a miracle
it really is that you
are a contemporary of your lover
the human race has millions of years behind it
these are altogether huge numbers we're talking about
and naturally many of them met one another
one or more times
but try to calculate how many people
throughout the ages never met one another
now we're up in astronomical numbers
and here comes the really exciting part
If now some of them
who obviously never met one another
somehow got the chance anyway
met in the same century
at the same place
a lot of them wouldn't have
anything to say to each other
would sit self-consciously
twiddling their thumbs
imagine yourself that
trillions of twiddling thumbs
and looking out the window
I wonder what the weather will be like tomorrow
and wishing they were far away
which they luckily were in real life

Men ud af denne ufattelige mængde mennesker
som dels aldrig mødte hinanden
dels ikke ville have fået noget ud af det
var min kone og jeg så usandsynligt heldige
at det netop var os to der mødtes
synkront på samme sted
og tilmed straks havde så meget at sige hinanden
at vi sagtens kunne bruge et par liv til
men det er nok at tage munden for fuld

Hvis ikke det er et mirakel
men prøv at forklare sådan noget til andre
de vil straks komme med særdeles ledende spørgsmål
vedrørende ens drikkevaner
så jeg går lidt stille med det
og håber det kan blive mellem os.

Now out of this inconceivable amount of people
some of whom never met one another
some of whom would have gotten nothing out of it even if they had
my wife and I were improbably lucky
that it was we two who met
synchronous at the same place
and in addition to that we right away had so much to say to one another
that we easily could use a couple more lifetimes
though that may be stretching it a bit

Now if that's not a miracle
but try to explain that kind of thing to others
and they will ask very leading questions
regarding ones drinking habits
so I keep quiet about it
and I hope we can just keep this between us.

Lyseslukker

Hvem har rodet i mine problemer
Hvem har brugt mine hæmninger
uden at hænge dem på plads igen
Jeg er tre måneder bagud med fortvivlelsen
og alligevel flyder det med livsmod over det hele
og hvor er min faste hånd
som ellers sidder så løst
kan man nu ikke engang ha sit vanvare i fred
Kom lige herhen
du har noget i den ene mundvig
lykke eller glæde eller sådan noget stads
nej
ikke der
ja der
ja sådan
må jeg lige se
ja
nu er det vist væk.

Wet blanket

Who's been messing with my problems
Who's been using my excuses
without putting them back where they belong
My doubt is three months behind schedule
and here you've got enthusiasm all over the place
and where's my steady hand
that is usually so rash
for once can't I have my inadvertencies in peace
Come over here
you've got something in the corner of your mouth
some happiness or joy or something like that
no
not there
yeah there
that's it
let me see
yeah
it's gone now.

KREATIVITET

CREATIVITY

Det sidste digt i verden

Hvis dette var det sidste digt i verden
ville jeg gøre det så langt som muligt
                uendelig langt
men sætte farten ned på de sidste par linjer
holde op lidt før det sluttede
af angst for at styrte ud i rummet
eller jeg ville lægge mig ned
og mave mig ud til kanten
hage mig godt fast i de yderste ord
og forsigtigt læne mig ud over dybdet
hvor alle digte ender
og prøve at kigge ned under digtet
benytte den sjældne anledning til
at se et digt på vrangen
og tænk hvis det så viste sig
at være det første digt i verden
Så ville jeg på fluemaner bevæge mig
hen over denne underflade
klamre mig til ord for ord
til jeg kunne det hele udenad
og når jeg var færdig med sidste linje
prøve at komme ovenpå igen
hænge og sprælle og puste lidt
vride mig op over kanten
og dukke op i første linje i dette digt
eller et helt andet sted

Hvis dette var det sidste digt i verden
ville jeg nægte at tro det
eller udskyde det til senere
og tage fat på et andet

Hvis dette var det sidste digt i verden
ville jeg nægte at skrive det
i hvert fald holde op så hurtigt som muligt
                      f. eks. her

The last poem in the world

If this were the last poem in the world
I would make it as long as possible
                          infinitely long
but I would slow down the last few lines
and stop just before it ended
afraid of falling into space
or I would lay down
and creep on my belly out to the edge
hang on to the very last words
and carefully lean over the abyss
where all poems end
and try to look under the poem
use this rare opportunity
to see a poem from the other side
and just imagine if there I would see
the first poem in the world
then like a fly I would move
along this underside
clinging to every word
until I knew it by heart
and when I was done with the last line
try to get back on top
hang and kick and panting a little
twist myself up over the edge
and turn up in the first line of this poem
or maybe some place completely different

If this were the last poem in the world
I would refuse to believe it
or I'd put it off until later
and work on another one

If this were the last poem in the world
I would refuse to write it
in any case I would stop as soon as possible
                                  like right here

Programerklæringen

Gang på gang havde folk frittet poeten A. ud om, hvad
han ville med sine digte.
Hidtil var det lykkedes ham at knibe udenom.
"Spørg hellere, hvad digtene vil med mig."
"Det skulle gerne fremgå af hvert enkelt digt."
"Jeg betragter mine digte som opdagelsesrejser
i en sproglig virkelighed."
"Jeg er kun nysgerrig efter at erfare, hvor jeg kommer
hen, ikke hvor jeg befinder mig, for det ved jeg jo.
Vidste jeg i forvejen, hvor jeg ville hen med mit digt,
ville jeg næppe gide skrive det."
Sådan lød nogle af hans standardsvar. Med dem havde han
hidtil holdt sine læsere stangen.
Men efterhånden som han blev ældre, kom der nye generationer
af læsere til, og de stillede de samme spørgsmål:
Hvad vil du egentlig med dine digte?
Poeten A. blev usikker.
Hvis han én gang for alle formulerede, hvad han ville med
sine digte, udstedte en programerklæring, ville mange
måske lade sig nøje med den og holde op med at læse hans digte,
nu de havde fået essensen af dem.
Andre ville måske nok blive ved at læse hans digte,
men nøje sammenholde dem med programerklæringen og
straks slå ned på de digte, som afveg fra den.
Og muligvis ville han selv føle sig så bundet af sin
egen programerklæring, at han forfaldt til selvcersur og
dermed indtørrede sin inspirationskilde, blændede sit
tredje øje, holdt hånden for nysgerrighedens spejl,
opdagelseslystens kikkert.
Hans forfatterskab var blevet gjort til genstand for
adskillige analyser og udlægninger. Hidtil havde han
forholdt sig tavs til enhver fortolkning, da han jo
ifølge sin indstilling altid var på vej et nyt sted hen
og derfor hverken kunne tage sig af, hvor han havde

The Manifesto

Time and again people have pumped poet A. about
what he's trying to achieve with his poems.
So far he has been successful in dodging the issue.
"Instead ask the poems what they're trying to achieve with me."
"That should be evident in every single poem."
"I consider my poems explorations
in a linguistic reality."
"I'm only curious about where I'm going,
not where I happen to be right now; I know that already.
If I knew beforehand where I was going with my poem,
then I would hardly bother to write it."
That's how some of his standard responses went. With them he had
so far held off his readers.
But eventually as he got older, new generations
of readers appeared, and they asked the same questions:
What exactly is the purpose of your poems?
Poet A. grew unsure.
If he once and for all formulated the purpose of
his poems, issued a manifesto, many people
might let that suffice and they would stop reading his poems,
now that they had gotten the essence of them.
Others might still read his poems,
but carefully compare them with the manifesto and
immediately pounce on those poems that deviated from it.
And possibly he himself would feel so bound by his
own manifesto, that he would succumb to self-censorship and
thereby dry up his source of inspiration, blind his
third eye, hold his hand in front of the mirror of curiosity,
the binoculars of discovery.
His works had been made into objects of
numerous analyses and commentaries. Until now he
had kept silent on every interpretation, since he,
of course, according to his view, was always on the way to a new place,
and therefore could neither bother with where he had been,

været, eller af, hvor andre mente han havde været.
Men nu lod han sig omsider forføre af selvsamme nysgerrighed
til at definere for sig selv og andre, hvad
det egentlig var, han ville med sine skriverier.
Så skrev han sin

PROGRAMERKLÆRING

Jeg vil det umulige
ikke bare så vidt muligt
men videre
et godt stykke ud på den anden side
af det muliges vedtagne grænser
forene herligt vellevned
med økologisk forsvarlig livsførelse
afbalancere hunger med frådseri
mavens såvel som sjælens
finde det punkt
hvor det tilfældige terningkast
falder sammen med den strengeste lovbundethed
bestemme den position
hvor den mest kedsommelige socialisme
og den mest hensynsløse kapitalisme
går op i en højere
varmere og sjovere enhed
indkredse den tilstand
hvor størst mulig retfærdighed
frembyder størst mulig frihed
hvor Gud og ateisme er komplementære størrelser
hvor tryghed og eventyrlyst er kongruente
hvor omsorg og udfordring
ansvar og kærlighed
voksen og barn
synder og helgen
jazz og børsnoteringer

nor with where others thought he had been.
But now he let himself finally be seduced by the same curiosity
of defining for himself and for others what
exactly was the purpose of his writing.
So he wrote his

MANIFESTO

I will do the impossible
not just as much as possible
but further
a good ways past the other side
of the approved border of the possible
unite magnificent life of luxury
with ecologically responsible living
balance hunger with gluttony
of the stomach as well as the soul
find that point
where the chance toss of the dice
coincides with the most stringent adherence to law
determine that position
where the most tiresome socialism
and the most ruthless capitalism
unite in a warmer
more elevated and more enjoyable synthesis
pin down that condition
in which the greatest possible justice
affords the greatest possible freedom
in which God and atheism are complementary elements
in which security and love of adventure are congruous
in which care and challenge
responsibility and love
adult and child
sinner and saint
jazz and stock listings

        erantis og computere
        idealer og ID-kort
        dans og DAN-kort
        digtere og diktatorer
        standpunkter og strengeleg...

– Åh herregud, udbrød poeten A., da han var nået så langt.
– Jeg troede mine digte var ret originale – men detteher drejer sig jo bare om tusindårsriget, paradis på Jord, præcis det som alle har drømt om og slået hinanden ihjel for i flere tusind år. Der mangler bare den med løven og lammet, der hygger sig side om side. Alle mine digte viser sig at være julesange! Godt jeg fik det afklaret, før jeg blev for gammel!
Fra det øjeblik holdt poeten A. op med at skrive digte. Hans læsere trængte på endnu et stykke tid, for at høre af hans egen mund, hvad meningen var. Men ellers var de godt tilfreds med, hvad de havde fået. Og endelig var der jo da også andre digtere.
Hans fortolkere fortsatte med at udlægge hans digte uden nogensinde at finde frem til den pinlige hemmelighed.
For sine sidste penge købte poeten A. et lille nedlagt landbrug, hvor han til sine dages ende holdt dværghøns, samlede skrabeæg og dyrkede spiseligt ukrudt.

      winter aconite and computers
      ideals and ID cards
      dance and ATM cards
      poets and dictators
      standpoints and music for strings. . .

– Oh, God almighty, exclaimed poet A., when he had gotten that far.
– I thought my poems were rather original – but all this
is obviously dealing with the new millennium, paradise on Earth,
exactly what everyone has dreamed of and killed one another
over for several thousand years. All that's missing is the lion
lying down with the lamb. It turns out all my poems
are Christmas cards! Good thing I clarified that before
I got too old!
From that moment on, poet A. stopped writing poetry.
His readers continued to plague him for a while longer, in order to hear
from his own lips, what the purpose was. But for the most part they were
satisfied with what they had gotten. And in the end
there were of course other poets.
His critics continued to explain his poetry without
ever uncovering his embarrassing secret.
With the last of his money, poet A. bought a small abandoned
farm, where for the rest of his life he raised bantams,
gathered eggs, and grew edible weeds.

Fru Hansen

Kender du den lille fru Hansen, hende kogekonen? Bare fru Hansen, ingen kender hendes fornavn. Grå og selvudslettende, dukker sig ved til tale, svarer med næppe hørlige enstavelsesord, tager aldrig selv det mindste ord. Men ingen kender hende medmindre man har oplevet hende i et køkken i færd med at forberede festmiddag til tolv, til atten eller fireogtyve, medmindre de har set hende undergå den sælsomme forvandling fra det øjeblik hun spænder forklædet om sig og løfter sit blik. Fra nu af er den lille grå generte kone uden skånsel. Ve alt der krydser hendes vej!

Først lægger hun de blanke hvæssede våben og de nøje udvalgte torturredskaber frem på det hvidskurede skafot. Ser sig om med let blottede tænder for at vælge sig det første sagesløse offer. Så du hende nu ville du miste troen på det gode i mennesket. Ønsk dig ikke at se hende med en naturstridig nynnen overfalde porrer og kartofler! Forsvarsløse gulerødder skalperes, sønderlemmes, troskyldige tomater skoldes levende og flås. Allerede sønderhakkede løg ristes over en sagte ild. Uskyldshvide æggehvider piskes til ukendelighed.

Men på Fru Hansens før så visne kinder slår nu feberroser ud. Hendes før så matte øjne spiles op som gribbens blik, og de bitte konefingre spiles ud som gribbens kløer. Selv en middelmådig psykolog kan se at hun har haft en ganske rædselsfuld barndom. Uønsket, uelsket, sikkert groft udnyttet seksuelt af en fordrukken arbejdsløs far. For just på dette tidspunkt begynder hun at nynne med skingre vibrerende overtoner:

> "Jeg har elsket dig så længe jeg kan mindes
> og sværmet for din stemmes dybe klang,
> hvor findes en beundring som en kvindes
> der elsker en for allerførste gang" –

Mrs. Hansen

Do you know that little Mrs. Hansen, that cook for hire? Just Mrs. Hansen; no one knows her first name. Gray and self-effacing, drops her head when addressed, answers with barely audible one-syllable words, doesn't speak unless spoken to. But no one really knows her unless they have seen her in the kitchen preparing a banquet for twelve, for eighteen or twenty-four; unless they have seen her undergo that mysterious transformation from the moment she tightens her apron around herself and lifts her gaze. From then on, that little, shy, gray lady has no mercy. Woe to everything that crosses her path!

First she lays the gleaming honed weapons and the carefully selected implements of torture out on the freshly scrubbed work surface. She looks around with slightly bared teeth to choose the first innocent victim. If you saw her now you would lose your faith in the good of humanity. You wouldn't want to see how, with an unnatural humming, she attack leeks and potatoes. Defenseless carrots are scalped and dismembered, unsuspecting tomatoes boiled alive and skinned. Onions chopped to bits are already being fried over a quiet flame. Innocent white egg whites are beaten beyond recognition.

But on Mrs. Hansen's previously withered cheeks now blooms a feverish blush. Her previously matte eyes bulge like the gaze of a vulture, and her tiny lady fingers stretch out like vulture's claws. Even a mediocre psychologist could tell she has had a totally awful childhood. Unwanted, unloved, certainly roughly exploited sexually by a drunken unemployed father. For just at that moment she starts to hum with shrill vibrating overtones:

> "I've loved you from the very start
> swooned to your voice sublime
> There's nothing like a woman's heart
> that loves for the very first time"–

utvivlsomt et forsøg på at få has på denne grumme faderbinding, for nu bryder helvede løs, nu skal der kvæstes, kastreres og radbrækkes. Kød skal bankes fra sans og samling, urter og hvidløg martres i morter, citroner presses til at tilstå saft til sidste kerne, spid jages gennem mindreårige mørbrad- og leverstykker. Med huggert får nakkekammen nogen over nakken. Men ikke nok med det. Det værste er tilbage, for nu synger hun med tynd og grådkvalt stemme:

> "Der var en gang
> jeg elsked én
> han kaldte mig
> sin øjesten…"

idet hun hjerteløst sprætter et hjerte op og fjerner alle hjerterødder. Og hun snitter og hun hugger og hun hakker.
Hun må have haft en helt forfærdelig ungdom. Aldrig budt op til dans endsige fulgt hjem bagefter, at dømme efter den afsporede lidenskab hvormed hun hugger ind på pastinakker, ydmyger spinat, skamferer skank og skinke. Nu må tyksteg og kølle bøde for et goldt og uglad liv. Og hendes hævn er dobbelt thi ikke nok med at ofrene smadres eller invalideres, de skal tilmed spilkoges tilsat djævelske krydderier, eller med salt indgnedet i de friske sår lide ekstra i skærsildsovnen.

Indimellem smager hun på afkog af sine stakkels nedkæmpede fjender og hvæser sadistisk: der skal mere salt i – og et par stænk tabasco!

Endelig fjerner hun hvert blodigt spor efter kampen. Hver lille stump brusk, hver skal og krumme ryddes bort. Hver flade skures uskyldshvid, hvert mordvåben renses og lægges på plads.
    Hun sætter en stor ære i at gerningsstedet fremstår så purt og uskyldigt som et klosterkøkken.

undoubtedly an attempt to get the better of this cruel father fixation, for now all hell breaks loose; now it is time to injure, castrate and murder. Meat must be beaten senseless; herbs and garlic must be tormented in mortars; lemons pressed until they disclose the last drop of juice; a spit driven through underage tenderloin and liver pieces. The neck gets a few whacks with the broadsword. But that is not all. The worst is yet to come – for now she sings in a thin voice, choked with tears:

> "Once I had
> a lover fair
> who treated me
> as a jewel rare…"

while she heartlessly slits open a heart and rids it of its core. And she slices and she cuts and she chops. She must have had an absolutely terrible childhood. Was never asked to dance let alone be walked home afterwards, to judge from the perverted passion with which she cuts into parsnips, humiliates spinach, disfigures shank and ham. Rump steak and leg of pork must now pay the price for a barren and unhappy life. And her revenge is double, since it's not enough that the victims are smashed or disabled; they shall also be boiled with diabolical spices, or, with salt rubbed into their fresh wounds, suffer further in the oven of purgatory.

Once in a while she tastes the gravy of her poor defeated enemies and hisses sadistically: Needs more salt – and a couple dashes of tabasco!

Finally, after the battle, she wipes away every bloody trace. Every little bit of cartilage, every rind and crumb is cleared away. Every surface is scrubbed lily-white, every murder weapon is washed and laid in its place.

She takes great pride that the scene of the crime appears as pure and innocent as a monastery kitchen.

Men se så gæsterne mimre huldsaligt over rygende suppe, se smilene tændes for enden af hver gaffel og bemærk den næppe tilbageholdte klukken idet de hælder hovedet mod borddame eller -herre, se deres hænder løse luftige sløjfer i dampen over hede kødflader, betragt næseborenes spasmiske sammentrækninger, tungespidsernes galante leg med glinsende mundvige, hør den smagende smasken, hør de henåndede udsagn øges til udbrud som:
 – Uforligneligt! –Hun ved hvad hun gør, en kunstner på sit felt! – Hvor får hun det dog fra? – Et spørgsmål om sjæl. Fru Hansen lægger altid hele sin sjæl i tilberedelsen...

Og endelig forenes al nådefyldt nydelse og appetitvækkende mættelse i taktfaste håndklap: Vi vil se fru Hansen! Vi vil se fru Hansen!

Men fru Hansen har fået sin betaling, har taget forklædet af og sin grå frakke på. Fru Hansen er listet ned ad trapperne og bort, behøver hverken hyldest eller anerkendelse. Gjort gerning bærer takken i sig selv. Hun skulle i øvrigt gerne nå sidste bus.

But see how the guests twitch graciously over smoking soup; see the smiles light up at the end of every fork and notice the barely restrained chuckling as they tilt their heads towards the hostess or host, see their hands untie airy bows in the steam over hot surfaces of meat, observe the nostrils' spasmodic flaring, the tips of tongues' attentive game with glistening corners of mouths; hear the statements muttered under the breath grow to exclamations like:

"Incomparable!" "She knows what she's doing; an artist of her trade!" "How on earth does she do it?" "A question of soul. Mrs. Hansen always puts her entire soul into the preparation…"

And finally all the glorious enjoyment and appetite-quickening satisfaction is united in rhythmic applause: "Miss-us Han-sen! Miss-us Han-sen!"

But Mrs. Hansen has been paid, has taken off her apron and put on her gray coat. Mrs. Hansen has walked quietly down the stairs and away; she needs neither tribute nor recognition. A job well done is its own reward. Besides, she had to catch the last bus.

Morgenstund

Morgen
Et eneste ord har man nået at skrive:
Morgen
og straks har man alle de gamle
skriverkarle på nakken
forgængere angriber altid bagfra
ser én over skulderen
flår i papiret
slås om kuglepennen
enkelte kommer med hviskende forslag
andre råber i munden på hinanden
hvordan overhovedet få et ord indført
ud over det ene
man nåede at skrive

For morgenstund har ikke bare guld i mund
den forgylder klippens top og bjergets side
og mens jeg prøver at få øje på
det åndssvage bjerg
vågner alle guds favre blomster og fugle små
og gir sig til at
titte til hinanden
titte til hinanden
vifte med det ene bryn
men de gamle skvadderhoveder er langt fra færdige med
at diskutere guld
thi nok står det skrevet at
som guld er den årle morgenstund
men den spreder det også på sky
mens sneglen med gyldentækket skjold på ryg
må vandre frem og tilbage og tænke
nok er jeg sløv og tålmodig
men dette må snart få en ende

Morningtime

Morning
You have managed to write one single word:
Morning
and immediately all the old
wordsmiths are on your back
predecessors always attack from behind
look over your shoulder
fight over the paper
fight over the pen
some make whispering suggestions
others shout one another down
how to get a word in edgewise
besides the one
you managed to write

For morning's hush has more than a golden blush
it gilds the rocky peak and the mountainside
and while I try to get a look at
this stupid mountain
all god's flowers fair and wee birds awaken
and start to
cheep to one another
cheep to one another
I raise one eyebrow
but the old lunkheads aren't close to being done
discussing gold
it well may be written that
like gold is the early morningtime
but also it spreads to the clouds
while the snail with a golden-sheathed shield on its back
must wander back and forth thinking
I may be lethargic and patient
but I hope this will be over soon

Undskyld siger jeg
det er egentlig mit digt
hvis jeg bare ku få lov til at skrive det

Men så begynder nogle af de gamle rødder at
springe op og spænde bælte
mens andre slår løs på deres strenge
og solen rinder op og ned ad østerlide
Hvad med den rosenfingrede dagning
spør en gammel blind indvandrer
Næ næ svarer en anden
jeg holder på jordens bold der skal gløde
nu er vi med i VM-fodbold
Hør her siger den tredje
og skodder sin tolvte smøg:
Jorden har vendt sig en omgang
i sin store himmelseng

Og så tager fanden ved dem

Mens lysvæld efter lysvæld
stiger af papirets skød
ryger de gamle originaler
i totterne på hinanden
sparker hinanden over versefødderne
kyler jamber gennem lokalet
skanderer hinanden på det groveste
giver hinanden en på sonetten
jeg blir nødt til at smide hele bundtet ud
ærbødigt men bestemt
Lukketid de herrer
Tilbage til bogs
til sengs
til sangs
Nu skal her arbejdes

Excuse me I say
this is actually my poem
if I could just be allowed to write it

But then some of the old rascals start
to jump up and tighten their belts
while others start plying all their talents
and the sun courses up and down the eastern hillside
How about a rosy-fingered dawn
asks an old blind immigrant
Nay nay answers another
I stand fast with the earthen ball that needs glow
now we're in World Cup soccer again
Now listen here says the third
stubbing out his twelfth cigarette:
The earth has turned over once
in its great canopy bed

And then the devil gets into them

While flood of light after flood of light
rises from the paper's bosom
the old eccentrics come
to blows with one another
kick one another in their metric feet
hurl iambs through the place
slander one another in the worst way
give each other one on the sonnet
I am forced to throw out the whole bunch
respectfully but firmly
Closing time gentlemen
Back to the books
to beds
to ballads
I've got work to do

Morgen
foreløbig står der stadig kun
det ene lille ord
morgen
men hvilke muligheder
og dagen er kun lige begyndt.

Morning
for the time being there is still only
that one little word
morning
but what possibilities
and the day is only just begun.

SPILLEMAND

Når jeg spiller
er jeg ikke en anden
men noget andet
tom for alt andet end musik
Det er ikke min smerte
      eller lykke I hører
den forsvinder ved første anslag
Det er musikken
der benytter sig af
at jeg rører ved den
Hvor er musikken –
i mine fingre og nerver?
i noderne?
i klaveret?
i mit hoved?
Jeg ved det ikke nu
Jeg ved det kun når jeg spiller
og ingen forklaring behøver
tom gør jeg plads for musikken.

Musician

When I play
I'm not different
but something else
emptied of everything except music
It is not my pain
      or happiness you hear
that disappears with the first notes
It is the music
that is making use of
me and my touch
Where is the music –
in my fingers or nerves?
in the notes?
in the piano?
In my head?
I don't know right now
I only know when I'm playing
no explanation is necessary
empty I make room for the music.

THELONIOUS MONK
Five Spot Café, New York

Efter indledningschoret
lukkede hans hænder sig
og trak sig tilbage fra flyglet.

Nu kørte de andre frem.
Chorene raslede forbi ham
(Johnny Griffin alene otte chor)
til alle sider blottedes skinner
der brutalt stregede hinanden over
eller gled sultent sammen.

Midt i det sad han
distanceret
tilbagelagt
fortrængt
et barn
optaget af ingenting i tobakstågen
tolv chor igennem uden at se på de andre,
uden at gøre forsøg på at råbe dem op.
De var for langt ude,
ude af sig selv og ude af hinanden,
kendte ham ikke mere,
målte ikke ud fra ham mere,
kendte ikke ørerne der vendtes mod dem,
smil der for længe hade været holdt nede
og nu var brudt frem på siden af hoderne,
blinde smil der ikke aner hvem de smiler til
da han pludselig er der,
ingen ser springet
som et klip i en film,
lokomotivet foran,
det er ham der har trukket læsset hele tiden
going west

Thelonius Monk
Five Spot Café, New York

After the opening chorus
his hands closed up
and pulled back from the grand piano.

Now the others drove on.
The choruses rattled past him
(Johnny Griffin alone eight choruses)
the rails were exposed in all directions
brutally canceling one another out
or gliding hungrily together.

In the middle of this he sat
distant
left behind
repressed
a child
interested in nothing in the tobacco fog
through twelve choruses without looking at the others,
without attempting to get their attention.
They were too far gone,
gone on themselves and gone on each other,
didn't know him anymore,
didn't measure themselves by his standard anymore,
didn't recognize the ears turned towards them,
smiles that had long been repressed
and now had broken out on the sides of the heads,
blind smiles that have no idea who they're smiling at
when suddenly he's there,
no one sees the jump
like a cut in a film,
the locomotive in front,
he has been pulling the load the whole time
going west

med læsset af stakåndede bohemer
profetiske postkortmalere
indadvendte danserinder
overbelastede øjenbryn
barens sorte gallionsfigur
nybarberede vagabonder
rystede skandinaver
med et hårdt tiltrængt indgreb
i klaviaturets rygrad
slår han fast at nu er vi fremme
at her på denne prærievide stilhed
står vi af.

with the load of breathless bohemians
prophetic postcard illustrators
introspective dancers
overloaded eyebrows
the bar's black figurehead
newly-shaven vagabonds
shaken scandinavians
with a badly needed crackdown
on the keyboard's spinal column
he announces that now we have arrived
that here in this prairie-wide silence
we get off.

Opvarmningsøvelser

Her sidder man så igen
og skriver digte i smug
som om der ikke var nok i forvejen
folk har ikke godt af alle de digte
digte går folk på nerverne
tænk lidt på vore unge
de sagesløse skolebørn
der må op i dig til eksamen
og måske dumper
de vil hade digte resten af livet
eller værre endnu
blir dybt afhængige
lyrik-junkies der raver rundt
med tågede blikke og fjogede smil
tabt for samfundet
på evig jagt
efter det næste skud poesi

Se virkeligheden i øjnene
du er bagud med prosa
du skylder os stadig den store forløsende
samtidsroman vi vented så længe
eller bedre
lav først en filmatisering af romanen
som du altid kan skrive senere
eller endnu bedre
en TV-serie over filmen
som du altid kan lave senere
eller allerbedst
en musical over TV-serien
som du altid kan lave senere
det er der visioner i
plus noget så upoetisk som penge
hvad med at unde dig lidt tid

Warm-up exercises

So here you sit again
sneaking in some poetry writing
as if there weren't enough already
all those poems aren't good for people
poems get on their nerves
think for a minute about our young people
these innocent schoolchildren
that have to take tests on you
and maybe fail
they will hate poetry for the rest of their lives
or even worse
become addicted
verse-junkies that stagger around
foggy-eyed smiling foolishly
lost to society
on an endless hunt
for the next poetry fix

Look reality in the eyes
you are behind in your prose
you still owe us the great redeeming
contemporary novel for which we have been waiting so long
or better
first make a film of the novel
that you can always write later
or better yet
a TV series from the film
that you can always make later
or best of all
a musical from the TV series
that you can always make later
this has vision
plus something as unpoetic as money
how about allowing yourself some time

bare et øjeblik løfte dit blik
op over valget mellem to lækre vokaler
og skænke din slunkne kassekredit en tanke
eller dine forlængst voksne børn
som stadig står uden bil
mens du sidder og digter
bytter lidt om på ordene
byt byt
dyt dyt
en voksen mand med børnebørn
Nå hvad laver De så?
Jeg digter
Pinligt

Arbejdløshed
Aids
Narko
Sult
Krige
Tvangsauktioner
Miljøkatastrofer
Millioner af flygtninge
Svindel for milliarder
der er nok at tage fat på
Jamen ikke lige nu
jeg sidder midt i et digt –
Sig mig kan du høre dig selv?

Digte er usunde
digte er undergravende
digte hører ikke hjemme her
digte kan virke ret charmerende
ligesom visse indvandrere
men digte er lige så lumske
taler et underligt sprog
digte hugger vores arbejde

just for a moment raise your eyes
up and away from the choice between two tasty vowels
and give a thought to your slender overdraft protection
or your long since grown children
who still don't have cars
while you sit and write poetry
change the words around some
flip flip
flop flop
a grown man with grandchildren
And what do you do?
I write poetry
Pitiful

Unemployment
Aids
Drugs
Hunger
Wars
Bankruptcy auctions
Environmental catastrophes
Millions of refugees
Fraud for billions
there are enough things to work on
Not right now please
I'm in the middle of a poem –
Come on just listen to yourself

Poems are unhealthy
poems are undermining
poems don't belong here
poems can seem quite charming
just like certain immigrants
but poems are just as insidious
speak a strange language
poems steal away our jobs

hugger vores piger
se alle de kvindelige lyrikere
digte blir flere og flere
yngler som kaniner
et lille digt blir hurtigt til en samling
som i løbet af mindre end én generation
breder sig til et helt forfatterskab
griber vi ikke ind nu
vil der om få år ikke være noget
der hedder dansk prosa
Er du med?

Ja
nu er jeg med
igen.

steal away our young women
look at all the female poets
poems keep proliferating
multiply like rabbits
one little poem quickly becomes a collection
and in the course of less than one generation
expands into a whole body of work
if we don't do something about it now
in a few years there won't be anything
called Danish prose
Got it?

Yeah
I got it
again.

At Være Menneske

The Human Experience

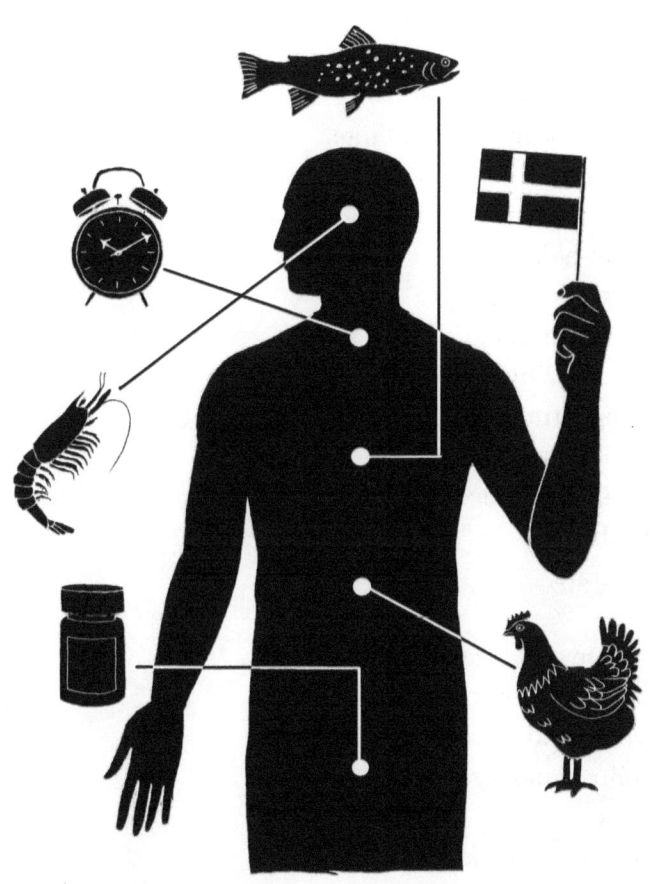

Assimilation

Bronx, 1983

Da vi passerer et af de udbrændte bilvrag
ud for en af de udbrændte ejendomme
formaner Frank:
Stands aldrig op for at kigge på et kort
gå altid rask til
men ikke for hurtigt
se ikke til siden
hav øjne i nakken
pas på ingen følger efter dig
lad ingen komme op på siden af dig
hav gammelt slidt tøj på
og ikke for mange kontanter
fem seks dollars er nok
men farligt at være flad
blir du holdt op
så prøv ikke at flygte
forhold dig roligt
lad dem få hvad du har
sig ingenting
især ikke noget morsomt
de folk er junkies
irritable
desperate.

Som om dette Hades overhovedet
indbød til at komme med vitser!
Men samtidig med
at min mund siger
Frank
her kunne jeg aldrig leve
er resten af mig omgående
i færd med at assimilere sig

Assimilation

The Bronx 1983

When we pass one of the burnt-up car wrecks
in front of one of the burned-out buildings
Frank warns me:
Never stop to look at a map
always walk quickly
but not too fast
don't look to the side
have eyes in the back of your head
be careful that no one is following you
don't let anyone come up beside you
wear old worn clothes
and don't carry too much cash
five or six dollars is enough
but it's dangerous to be broke
if you get mugged
don't try to run away
just stay calm
give them what you have
don't say anything
especially nothing funny
these people are junkies
irritable
desperate.

As if this Hell in any way
makes me want to tell jokes!
But even as
my mouth says
Frank
I could never live here
the rest of me is already
starting to assimilate

Mine fødder falder i trit med Franks
mine fingre tæller mønter i lommen
mine skulderblade omskoles lynhurtigt
til bakspejle.

My feet fall into step with Frank's
my fingers count the change in my pocket
my shoulder blades are quickly retrained
as rear-view mirrors.

Oprydning i medicinskab

Små flasker og tuber med duft
af forlængst glemte skavanker
salver mod svundne ligtorne
krasse væsker mod indre gener
der optog sind såvel som krop
      i dage og nætter
men nu er over alle bjerge
      afløst af senere onder.
Dråber til lindring for unge øjne
der nu har set for meget
      omend ikke nok.
Piller som enten har virket engang
eller netop har været virkningsløse
i hvert fald tages de ikke mere
og meningen med dem er faret hen –
forgangne febre
henvisnet hoste
bortvejret smerte
Forgængelighed
forgængelighed –
væk med det hele
Gør plads for kommende plager.

Cleaning out the Medicine Cabinet

Small bottles and tubes with aromas
of long forgotten complaints
salves for vanished corns
pungent liquids for internal ailments
that occupied mind as well as body
      for days and nights
but now are water under the bridge
      replaced by more recent maladies.
Drops for the soothing of young eyes
that now have seen too much
      although not enough.
Pills that either were useful once
or turned out to be useless
either way I'm not taking them anymore
and the reason for them is long gone –
former fevers
cleared-up coughs
dissipated pains
Transience
transience –
get rid of it all
Make room for the troubles to come.

Skabsvenskere

Er der noget så dansk som en kartoffel?
Kartoflen stammer fra Sydamerika.

Er der noget så dansk som selve Dannebrog?
Det faldt fra himlen ned engang i Estland
og minder om det schweiziske flag.

Klinger noget mere ægte dansk
end musikken til syngestykket Elverhøj?
Komponeret af en tysker med flittig brug
af svenske folkemelodier.

Pas på
nu bliver det svært:
Findes der nogen mere danske end danskerne?
Efterkommere af Danerne
en folkestamme i Sverige
invaderede vort land en gang i 300-tallet
mens de oprindelige danskere
Herulerne
de ædle og tapre
men talmæssigt underlegne Heruler
blev fordrevet af de grumme svenske Daner
måtte flakke hjemløse om i datidens Europa
i flere hundrede år til det omsider
lykkedes nogle få tusinde af disse urdanskere
at nå op til Sverige og bosætte sig der
under den tvivlsomme betegnelse *svenskere*

I får spørgsmålet endnu en gang
og tænk jer grundigt om før I svarer:
Findes der nogen mere danske end danskerne?

Closet Swedes

Is there anything as Danish as a potato?
The potato originated from South America.

Is there anything as Danish as the Danish flag, Dannebrog, itself?
It fell down from the heavens one day in Estonia
and resembles the Swiss flag.

Does anything ring more genuinely Danish
than the music to the choral theater piece *Elves' Hill*?
Composed by a German with frequent use
of Swedish folk melodies.

Be careful
now it gets difficult:
Is there anyone more Danish than the Danes?
Descendants of the Old Danes
a tribe in Sweden
invaded our country once in the 300's
while the original Danes
the Herules
the noble and brave
but numerically inferior Herules
were driven out by the cruel Swedish Danes
had to wander around homeless in the Europe of that time
for several hundred years until finally
some few thousand of these primeval Danes succeeded
in reaching Sweden and settling there
under the dubious designation *Swedes*

I'll ask you one more time
and think carefully before you answer:
Can you find anyone more Danish than the Danes?

Det korrekte svar er:
Ja!
Svenskerne!
De er de autentiske og egentlige danskere
Som jøderne i ørkenen drages de bestandig
mod det forjættede land
der flyder med øl og bacon
men i syttenhundrede år har været okkuperet
Af hvem?
Af svenskere!
Af os!

Ikke så sært at Skåne
kræver Danmark tilbage
ikke så sært at mange af os kryptosvenskere
har svært ved at tale ordentlig dansk
snupper endelser af
sluger konsonanter
kløjs i syntaksen
så det hele lyder som rødgrød med fløde
ikke så sært at vi knap forstår hinanden
ikke så sært at den hyppigste glose er "Hva'?"
Det er jo slet ikke vores sprog
Vi er slet ikke os
Vi er en hoben skide svenske fremmedarbejdere
som har kørt dette yndige land i sænk
vi sku' ta og skrubbe hjem hvor vi kommer fra
hjem til Sverige
Din sol, din himmel, dina ängder gröna
hvor vi endelig kunne vedgå vor sande identitet
bekende kulør
Vi er gule
Vi er blå
Hvor vi endelig kunne banke os selv i fodbold
få os selv ned med nakken i Melodi Grand Prix
Åh hvor har vi dog trængt til

The correct answer is
Yes!
The Swedes!
They are the authentic and actual Danes
Like the Jews in the desert they constantly yearn
for the promised land
that flows with beer and bacon
but for seventeen hundred years has been occupied
By whom?
By Swedes!
By us!

Not so strange that Scania
wants Denmark back
not so strange that many of us crypto-Swedes
have difficulty in speaking proper Danish
pinch off the endings
swallow the consonants
choke on the syntax
so it all sounds like "rødgrød med fløde"
not so strange that we barely understand one another
not so strange that the most frequently used term is "Huh?"
It's not our language
We're not even us
We're a bunch of filthy Swedish foreign workers
who have driven this beautiful country into the ground
we should pack up and go home where we came from
home to Sweden
Thy sun, thy skies, thy verdant meadows smiling
where we finally could acknowledge our true identity
show our true colors
We are yellow
We are blue
Where we finally could beat ourselves in soccer
clobber ourselves in the Eurovision Song Contest
Oh how we have needed

og længtes efter dette
omsider at kunne synge Bellmans viser
på originalsproget
vort retmæssige sprog
eller *språk* som det egentlig hedder
endelig får vi eneret på
at være den eneste i verden som fejlfrit kan sige
Sjutusensjuhundrasjutisju
uden at tabe gebisset
endelig blir vi befriet fra vores
dræbende nationale mindreværdskompleks
og får lov til at folde os ud
og svinge os mod sky
som Nordens frieste svaner
endelig kan vi slippe for evigt og altid
at høre for den dødssyge Jantelov
som en skrupskør norsk forfatter
har påduttet os

Endelig os selv
endelig fri
Du gamla du fria
endelig hjemme hvor vi hører til
endelig har vi en chance for
at gøre Halvan til Helan
og skåle grandiost med os selv
når vi får indført humane tilstande
hvad angår alkohol
drikkeviserne forefindes allerede
nu gælder det bare om at udfylde dem
gøre dem troværdige

Store tider forestår
og
If we can make it here
we'll make it ev'rywhere

Og endelig er der jo
betydelig mere plads i Sverige.

and longed for this
finally to be able to sing Bellman's songs
in the original language
our rightful language
or *språk* as it's really called
at last to be the only ones in the entire world
who without error can say
Sjutusensjuhundrasjutisju
without losing our dentures
at last released from our
deadly national inferiority complex
free to spread our wings
and soar towards the heavens
like the North's freest swans
at last we can escape for ever and always
from hearing the stupid Law of Jante
which a totally crazy Norwegian writer
has saddled us with

Ourselves at last
Free at last
Du gamla du fria
finally home where we belong
finally we have a chance
to make *Halvan* into *Helan*
and toast ourselves grandiosely
as soon as we have introduced humane conditions
concerning alcohol
the drinking songs exist already
now we just have to fill them out
make them credible

Great times await
and
If we can make it here
we'll make it ev'rywhere

And finally there is of course
considerably more space in Sweden.

DIÆT

Rejer gir tørre hornhinder
fedt gir filipenser
pandekager ligger for fladt i maven
flæsk er ikke godt for hjertet
fisk er ikke godt for slagteren
kylling er ikke godt for kyllingen
frikadeller er ikke godt for noget
undgå sagosuppe under svangerskabet
undgå løg under ægteskabet
sødt er syndigt
surt er farligt
salt forkorter livet
bittert trækker det i langdrag
marmelade gir slatne ører
labskovs trækker svømmeblæren sammen
æg får armene til at sidde skævt
ost påvirker smagen
småkager påvirker hørelsen
radiser indskrænker horisonten
ærter standser udviklingen
blomkål tar udsigten
morgenmad tar appetitten
natmad skærper den
mad er ikke godt for maven
livet er usundt
haps
haps
haps

DIET

Shrimp dry out your corneas
fat gives you pimples
pancakes lie too flat in your stomach
pork isn't good for your heart
fish isn't good for the butcher
chicken isn't good for the chicken
meatballs aren't good for anything
Avoid sago soup during pregnancy
avoid onion during marriage
sweet is sinful
sour is dangerous
salt shortens your life
bitter makes it drag on
marmalade gives you droopy ears
stew constricts your air bladder
eggs make your arms go crooked
cheese affects your sense of smell
horseradish affects your taste
cookies affect your hearing
radishes diminish the horizon
peas arrest your development
cauliflower takes away your prospects
breakfast takes away your appetite
bedtime snacks sharpen it
food is not good for your stomach
life is unhealthy
chomp
chomp
chomp

Den vanskelige fætter

Knurrer hvis man ikke holder med ham
bider hvis man gør det
min vanskelige fætter
med de skambidte tænder
og den lange vej hjem
Træt af den uforstående og højrøstede menneskehed
lejer han årligt en halv ørken med bad og telefon
hvorfra han dagligt inviterer folk
til at komme og se hvor ensomt han har det
Dukker ganske uventet op
i skuffer, tanker, madpakker
står pludselig på det mest spændende sted i en drøm
og påviser grove fejl i den
beskylder en for slapt at flyde med drømmen
Finder døre mistænkeligt banale
foretrækker at komme ind med det varme vand
eller via vinduet
dog først efter at ha kvalt blomsterne
og siet pottejorden for skjulte mikrofoner og landminer
stiller sig derpå hen i et hjørne
længst væk fra den formentlig natovenlige sofa
bebrejder mig lavmælt at jeg intet gjorde
for at forhindre opdagelsen af Amerika
men laster samtidig sig selv
for ikke at ta sig nok af coloradobiller
sætter af med et undskyldende hop
og forsvinder ind i radioen
som han glemmer at lukke efter sig
Min utilbørlige fætter
som skarpt tar afstand fra fingerpeg og genveje
som rasende over at gader er flyttet siden sidst
med et smæld går tværs gennem karréer
og derfor altid klør sig for murbrokker
De skrækkelige dage

The difficult cousin

Growls if you don't support him
bites if you do
my difficult cousin
with the ravaged bicuspids
and the long way home
Tired of the misunderstanding and loud-voiced humanity
he rents by the year half a desert with a bath and telephone
from where he daily invites folks
to come and see how lonely he is
Turns up totally unexpectedly
in drawers, thoughts, lunchboxes
makes a sudden appearance at the most exciting place in a dream
and points out serious flaws in it
blames you for limply flowing along with the dream
Finds doors suspiciously banal
prefers to come in with the hot water
or through the window
though after first having suffocated the flowers
and sifted the planting dirt for hidden microphones and landmines
then places himself over in a corner
farthest away from the supposedly NATO-friendly sofa
blames me in a hushed voice for doing nothing
to prevent the discovery of America
but burdens himself at the same time
for not doing enough about Colorado beetles
takes off with an apologetic hop
and disappears into the radio
that he forgets to shut after himself
My improbable cousin
who keenly keeps his distance from pointed fingers and shortcuts
who furious that streets are moved since last time
with a slam cuts through the blocks
and that's why rubble makes him itchy
Those terrible days

da han foruroligende rolig
mærkelig høflig og lyttende
kun spør hvordan man har det
      hvordan ens kone, slægt og blomster har det
går artigt en time før man ber ham om det
De følgende dage hvor man sover elendigt
med mareridt hvori han ikke findes
hvor man leder efter ham mellem søvnige vandmænd
          sleske måner og slatne spejle
går mod drømmen og vågner med dynen i munden
og ønsker at de onde ånder må finde tilbage til ham
så man igen kan snakke ufornuftigt med ham
atter har noget uberegneligt at holde sig til
Min forbudte fætter
som ikke kan tåle at nogen dør
uden at ha sagt det til ham i forvejen
optar det som en personlig fornærmelse
møder fuld og demonstrativ op ved begravelsen
forlanger kisten holdt tilbage
vrister skovlen fra præsten og råber
at hvis det blir ved på den måde
er han snart den eneste tilbage
må fjernes af følget med magt
da han vil klemme sig ned i kisten
      som blind passager
Min vanskelige fætter
      som ved at holde dilemmaer farbare
      moseugler i hævd
      fedtefadet klar
er med til at holde os i live.

when he disquietingly quiet
strangely polite and listening
only asks how you are
        how your wife, family and flowers are
leaves courteously an hour before you ask him to
The following days when you sleep miserably
with nightmares where he is not to be found
where you search after him between sleepy jellyfish
        obsequious moons and limp mirrors
you go against the dream and wake with the comforter in your mouth
and wish that the evil spirits may find their way back to him
so you again can chat nonsensically with him
again have something unpredictable to go along with
My forbidden cousin
who cannot bear that someone dies
without having told him in advance
takes it as a personal insult
meets up drunk and demonstrative at the burial
demands that the casket be detained
wrests the shovel from the priest and shouts
that if it keeps going on like this
then soon he'll be the only one left
has to be taken away by force
when he tries to squeeze himself into the casket
    like a stowaway
My difficult cousin
    who by keeping dilemmas negotiable
    bog owls honored
    the frying pan and the fire ready
does his part to keep us alive.

Limning

Denne lim er fantastisk hurtigtørrende
stivner straks på fingrene før limen har limet
det der skal limes nemlig et lille træstykke
fast til et større som det har tilhørt
nu en gang til og hurtigere
denne lim skyr vand ild skimmel forrådnelse
temperatur stød jordskælv orkaner alt
undtagen træ pap metal gummi plastic
læder glas sten bakelit masonit og fingre
tryk det lille træstykke på plads
pres til i femten sekunder
og
fjern så fingeren og dermed det lille
træstykke som nu hænger ved fingeren
Rens nu det llle træstykke
for størknet lim og hudrester
kom limen på de rensede flader igen og pres
dennegang med en tildannet træpind
træsplinten fast hvor den hører til og
efter femten sekunder sidder den skævt fast
denne gang meget fast
og efter yderligere femten sekunder
opstår to spørgsmål:
skal man brække træsplinten løs igen
og begynde forfra
eller er der noget vigtigere man kan ta sig til?

Gluing

This glue is amazingly quick-setting
it sets immediately on your fingers before the glue has glued
what needs to be glued namely a little wooden piece
onto a bigger wooden piece where it used to be
now one more time and faster
this glue repels water fire mold rot
temperature impact earthquakes hurricanes everything
except wood cardboard metal rubber plastic
leather glass stone bakelite masonite and fingers
push the little wooden piece in place
press for fifteen seconds
and
pull away your finger and with it the little
wooden piece that is now stuck to your finger
Now clean off the dried glue and skin pieces
from the little wooden piece and
put glue on the clean surfaces again and press
this time with a suitably shaped stick
so the wooden piece sits where it's supposed to and
after fifteen seconds it's stuck on crooked
this time really stuck
and after another fifteen seconds
two questions arise:
should you break off the wooden piece
and start over
or is there something more important you could be doing?

YPPELSE

Før i tiden prøvede man at stifte fred
når nogen yppede kiv
det er man mere og mere gået bort fra
At stifte er for besværligt og tidsrøvende
at yppe er langt mere effektivt
Følg med tiden og de ypperste kanoner
yp fred
yp til med det samme
før nogen overhovedet tænker på
at komme op at yppes
yp først
med alle rådige midler
panservogne cykelkæder skærpelser smæk
I dag står kampen mellem yppere og stiftere
yp dem under bæltestedet
under fodsålerne
under alt
yp så det kan mærkes
til vi opnår en ypperlig verden
hvor ingen behøver at leve i frygt
                    for nye stiftere.

INSTIGATION

It used to be that people tried to negotiate peace
when someone instigated a quarrel
we have moved away from this more and more
To negotiate is too difficult and time consuming
to instigate is much more effective
Go with the times and the greatest canons
instigate peace
instigate it right away
before anyone even has a chance to think about
starting to instigate something
instigate first
with all available means
tanks bicycle chains severities slaps
Today the battle is between instigators and negotiators
instigate them below the belt
under the soles of their feet
under everything
instigate so they can feel it
until we achieve a greater world
where no one needs to live in fear
                    of new negotiators.

Damer

Det går ikke uden
det er besværligt med
men uden går det slet ikke
uden hud intet hår
ingen rub uden stub
uden damer
det går ikke uden
det er besværligt med
men uden går det i stå
pulsen ville slå langsommere
nakken stivne
når der ingen var at vende sig efter
benene stagnere i skrivebordsstilling
hvorfor rejse sig mere
øjnene hærdne og irres
kroppen størkne i tøjet som gips
der ville man så sidde
kold afstøbning af svunden uro
det eneste der skiller os
fra Thorvaldsens museum
er damer
lige fra dikkedikdamer bøjet over ens barndom
slikdamer med brønde af jordbæris
     siloer med spejderhagl
lærindedamen med Peter Plys som føjleton
til alle de damer man senere kiggede efter
fløjtede efter
længtes efter
lagde sig efter
når træerne åndeløst sprang ud
og duerne kurrede
hundene gispede
foråret strammede
man strejfede rundt med plirende sjæl

LADIES

Can't do without them
it's a struggle with them
but without them it doesn't work at all
without hide no hair
no kit without caboodle
without ladies
can't do without them
it's a struggle with them
but without them it comes to a standstill
the pulse would beat slower
the neck stiffen
when there's no one to turn your head
the legs stagnate in desk position
why get up
the eyes harden and glaze over
the body stiffens in its clothes like plaster
there you would sit
a cold casting of disappeared restlessness
the only thing that differentiates you
from the Museum of Ancient Sculpture
is ladies
from tickle-tickle ladies bent over ones childhood
candy women with wells of strawberry ice cream
      silos of M&M's
the teacherlady with Winnie-the-Pooh installments
to all the ladies you later looked for
whistled for
longed for
went for
when the trees breathlessly leafed out
and the doves cooed
the dogs gasped
spring tightened
you roamed about with a blinking soul

faldt over sig selv
som en sprællemand samlet forkert
snublede over armene
bed negle på tæerne
fik fortiden op over ørene
        når man trak sig i snoren
gik stædigt vild mod solen for at opnå
modlyset gennem en gazenederdel
Kraka med ispind
og når silhouetten standsede
og kløede et myggestik på ryggen
stivnede man og slog rod
lod mørket og myg falde på sig
og senere
jalousi på cykel
rundt og rundt
        om et enligt glødende vindu
hjem foran spejlet med barberblad foran struben
indøvelse af en skærende latter
der aldrig rigtig blev brug for
hvordan var det gået uden damer
uden damer hade man næppe levet videre
uden damer var man næppe blevet født
                        madet
                            puttet
uden damer var man næppe blevet bror, far
                    svoger
                        hanrej
uden damer hade man næppe opdaget Fanø
                    Chagall
                        Karlsvognen
uden damer var man aldrig kommet ud af skabet
uden damer hade man ligget i sit penalhus
dårligt spidset
til min dødsdag vil jeg klatre i dametræer
som jeg har gjort fra barn
klatre uden om Thorvaldsen

fell over yourself
like a marionette put together wrong
tripped on your arms
bit your toenails
up to your ears in the past
     when you pulled the string
walked stubbornly wild into the sun to reach
the backlight through a gauze skirt
Kraka[1] with a popsicle
and when the silhouette stopped
to scratch a mosquito bite on her back
you stiffened and took root
let darkness and mosquitoes fall on you
and later
jealousy on a bicycle
around and around
     a single glowing window
at home in front of the mirror with a razor blade in front of your throat
rehearsal of a cutting laugh
that you never really needed
how would it have gone without ladies
without women you could barely have survived
without women you could barely have been born
                         fed
                              tucked in
without ladies you could barely have been a brother, a father
                          brother-in-law
                          cuckold
without ladies you would barely have discovered Fan Island
                          Chagall
                              the Big Dipper
without ladies you would never have made it out of the closet
without ladies you would have laid in your pencil case
poorly sharpened
until my death day I will be climbing in ladytrees
like I have done since childhood

drikke af dameflasker
trutte i dametrompeter
uden damer var det aldrig lykkedes
det er besværligt med
det er umuligt uden.

climbing outside the Sculpture Museum
drinking from ladybottles
blowing in ladytrumpets
without ladies it never would have worked
with them it's a struggle
without them it's impossible.

[1] In the Nordic Sagas, Kraka was a wise and resourceful woman, daughter of a Danish Viking chief and a Valkyrie

LETTERE SVIMMEL

Jeg har skyer og rutefly i øjnene
kirkeklokker i det ene øre
trafikpropper i det andet
næsen er fuld af hyben og hyld
jeg holder børnebørn i hænderne
forsøger at holde tungen lige i munden
for lige under mine fødder
er der en kæmpestor jordklode
som roterer med rivende hast
ikke så sært
at jeg af og til blir lettere svimmel.

A LITTLE DIZZY

I have clouds and airplanes in my eyes
church bells in the one ear
traffic jams in the other
my nose is filled with roses and elderflowers
I'm holding my grandchildren's hands
trying to keep my balance
because just under my feet
there's a gigantic globe
rotating at a furious pace
not so strange
that sometimes I get a little dizzy.

Mandag

Hvorfor er det altid mandag om mandagen
ikke bare mandag morgen
også om eftermiddagen og hele aftenen
man kan mærke det lige fra man vågner
den er gal
for sent i skole
for sent på arbejde
og de skælder ud
de ser skævt til en
de har så store øjne
kræfter så meget op
om mandagen
hvor man mindst kan tåle det
de får en til at føle sig så lille
om mandagen
mindst en hoved mindre
for ikke at tale om humøret
det er cirka tre en halv centimeter højt
der ska noen ordentlige stylter til
hvis noen ska få øje på det

Hvorfor har du så store øjne, Boss?
Fordi jeg vil se om du passer dit arbejde

Hvorfor har du så store ører, skolelærer?
Fordi jeg vil høre om du har læst dine lektier

Hvorfor er din mund så stor, far?
Det er for at udvide mit ordforråd – haps!

Tirsdagen –
jo det kan lige gå med tirsdagen
men mandagen
ku man ikke sløjfe den helt

Monday

Why is it always Monday on Mondays
not just Monday morning
also in the afternoon and all evening
you can tell right from when you wake up
this is bad
late to school
late to work
and they yell at you
look down on you
they have such big eyes
make such a big deal out of it
on Mondays
when you least can bear it
they get you to feel so small
on Mondays
at least a head smaller
not to mention your mood
which is about two inches tall
you'll need some pretty good stilts
if anyone is going to notice that

Why do you have such big eyes, Boss?
The better to see if you're doing your work

Why do you have such big ears, Teacher?
The better to hear if you have done your homework

Why is your mouth so big, Dad?
So I can expand my vocabulary—chomp!

Tuesday—
yeah, you can get by on Tuesdays
but Mondays
couldn't we just abolish them completely

holde en sabbatmandag
få tid til at se ind i noen øjne
finde ud af hvem man godt ka li
glæde sig over hinandens tæer
Tænk på hvor lang tid der ka gå
før man opdager at et andet menneske
har en meget smuk mund
eller en glad hånd
det var noet i den retning man skulle bruge mandagen til
så ville man styrte ud af sengen hver mandag morgen
for ikke at gå glip af et sekund

Men som det er i øjeblikket
ka man ikke komme ud af fjerene
blir dagen igennem forvekslet med sin dyne
ka dårligt selv mærke forskel

Der er ingen der fløjter om mandagen
de fleste ulykker sker om mandagen
der er ingen der har en tændstik om mandagen
man blir mindst fem år ældre om mandagen
der er ingen der venter på en om mandagen
ku man bare lave om på mandagen
Hvorfor er det altid mandag om mandagen
                        det slår aldrig fejl.

hold a Monday sabbath
take time to look someone in the eyes
find out who you really like
be glad about one another's toes
Think what a long time it can take
before you realize that another person
has a very beautiful mouth
or a joyful hand
it's something like this people should use Mondays for
then you would jump out of bed every Monday morning
to not miss a second

But the way it is at the moment
you can't get out of the sack
all day long you're mistaken for your down comforter
you can barely tell the difference yourself

Nobody whistles on Mondays
the most accidents happen on Mondays
no one has a match on Mondays
you age at least five years on Mondays
there's no one waiting for you on Mondays
if we could just change Mondays
Why is it always Monday on Mondays
                it never fails.

Morgenhymne

I dag skal der leves, folkens!
Vi er allerede i gang
startede tidligt i morges
vand i ansigtet
kaffe i halsen
et rask skænderi
og lidt morgenavis.
Vi mangler stadig latteren
arbejdet
kærligheden
og et par måltider til
så mere kul på folkens!
Nye ideer modtages gerne
Hvad med uden forklaring
at gi grønthandleren et kys
eller ta frakken omvendt på
Det skal mærkes at vi lever
Musik må der til
og blomster til alle
hvem ved, en enkelt banan måske
Øs hele din sjæl og opfindsomhed ud
hold kroppen i gang så den damper
thi hellere dampe end støve
Skriv tredive breve og plant et træ
efterlign et par fuglestemmer
tillæg din kone en frygtelig last
og tilgiv hende på stedet
det er altsammen tegn på liv
Endnu er dagen spæd
du kan nå en masse
inden du segner livstræt om
Brug store ord i massevis
overdriv for en gangs skyld:
Thi kendes for ret:

Morning hymn

Today is for living, people!
We are already on our way
started early this morning
water on the face
coffee down the throat
a brisk quarrel
a little newspaper.
We still need laughter
work
love
and a couple of meals
so fan the fire, folks!
New ideas gladly accepted
How about without explanation
give your grocer a kiss
or put your coat on inside-out
We've got to feel alive
There must be music
flowers for everyone
who knows, maybe a banana too
Pour out your soul and inventiveness
work your body until it is steaming
better steam than dust
Write thirty letters and plant a tree
imitate a couple of birdsongs
unload on your wife
and forgive her on the spot
these are all signs of life
The day is still new-born
you can achieve plenty
before you drop from exhaustion
Use lots of big words
exaggerate for once:
The court hereby finds:

Du er dømt til at leve!
Du må ikke kassere din skæbne
tværtimod tage den på dig
Fyld den ud
som din hud!
Bid livet i låret
Find fremtiden frem
Rut med planer og visdomsord
for i dag skal der søreme leves!

You are sentenced to life!
Don't throw away your fate
put it on
Fill it out
like your skin!
Bite life in the thigh
Go find your future
Squander your plans and words of wisdom
because today we're really going to live, dammit!

Hvad nu hvis

Hvad nu hvis det var
som i en rigtig krimi
at den skyldige ikke skulle søges

        hvor den stærkeste mistanke faldt
        men et sted som ingen havde tænkte på
        og alligevel indlysende for bagkloge

            Hvad nu hvis bagmændene
            bare var bagmænd i egen
            og alle andres indbildning

        Hvad nu hvis "de store fisk"
        når det kom til stykket kun var
        småfisk, skidtfisk, agn?

Hvad nu hvis de punkter
som alle peger hen imod
våbentruster narkosyndikater

        multinationale selskaber
        diverse banker og regeringer
        KGB CIA

            Mafiaen
            eksil- og nynazister
            terrororganisationer

        hemmelige loger
        krypto-dit og dat
        etcetera etcetera

kun var små vildledende glimt
fra ydersiden af den synlige top
af et isbjerg af ukendte dimensioner

Now what if

Now what if it were
like in a real mystery
where the guilty parties would not be sought out

      where the strongest suspicion fell
      but a place no one had thought of
      and yet obvious to people with hindsight

           Now what if the ringleaders
           were only ringleaders in their own
           and all others' imagination

      Now what if "the big fish"
      when it came down to it only were
      small fry, trash fish, bait?

Now what if those places
where all evidence points
arms cartels narcotics syndicates

      multinational corporations
      various banks and governments
      KGB CIA

           The mafia
           exiled- and neo-nazis
           terrorist groups

      secret lodges
      crypto-this and -that
      etcetera etcetera

only were small misleading glimpses
from outside the visible tip
of an iceberg of unknown dimension

Det ville ikke fritage dem for medskyld
men hvad nu hvis det var
som i en rigtig krimi

        at de oplagte bagmænd kun var
        stråmænd for et vidtforgrenet
        net af virkelige bagmænd?

Hvad nu hvis de egentlige bagmænd
viste sig at ligne ofrene
følte sig som ofre

        Hvad nu hvis bagmændene var *ofrene*
        hæderlige arbejdere og arbejdsløse
        fornuftige skolelærere

                samvittighedsfulde forskere
                bekymrede husmødre
                gemytlige lastbilchauffører

        hårdarbejdende landmænd
        folk på fabrikker og kontorer
        folk på søen

folk i miner eller syghuse
folk der aldrig ville gøre
nogen noget ondt

        Hvad nu hvis de skyldige
        var ganske almindelige mennesker
        som ikke har gjort noget

                som ikke kan gøre for det
                som for eksempel folk
                som dig og mig

This would not exempt them from complicity
but now what if it were
like in a real mystery

    that the obvious ringleaders only were
    front men for an extensive
    network of real ringleaders

Now what if the real ringleaders
turned out to look like the victims
felt like victims

    Now what if the ringleaders were *the victims*
    honest workers and unemployed
    sensible schoolteachers

      conscientious researchers
      worried housewives
      jovial truck drivers

    hardworking farmers
    people at factories and offices
    people out on the ocean

people in mines or hospitals
people that never would do
harm to anyone

    now what if these guilty parties
    were perfectly ordinary people
    who haven't done anything

      who can't do anything about it
      for example people
      like you and me

          Hvad nu hvis det var
          som i en rigtig krimi
          og til sidst blev opdaget

hvordan ville vi reagere
og hvordan skulle vi straffes
for noget vi ikke har gjort

          og hvordan skulle vi få tilgivelse
          fordi vi ikke vidste hvad vi gjorde
          når vi end ikke har gjort det

                    Det er nok alligevel
                    ikke en rigtig krimi
                    for hvem ville nogensinde

opdage os?

        Now what if it were
        like in a real mystery
        and in the end we were found out

how would we react
and how would we be punished
for something we didn't do

                and how would we be forgiven
                because we didn't know what we were doing
                when we didn't even do it

                        Anyway it isn't
                        a real mystery
                        because who would ever

find us out?

Avismanden i Speightstown

Hver dag sin ny avis
gårsdagens forældet
men avismanden holder noget længere

Efter en måned i Danmark
vendte jeg tilbage til Barbados
gik hen til min gamle belevne avismand
for at købe aviser som tilforn

De fleste her køber enten
NATION eller ADVOCATE
jeg køber gerne begge

Ved synet af mig
på tyve skridts afstand
folder han de to aviser sammen
men spørger som sædvanlig høfligt
Begge?
Jeg nikker og betaler
som om det var i går jeg var her
som om en måned eller
en dag kom ud på ét
og mens jeg slentrer vedere i formiddagsheden
ad den smalle hovedgade
i Speightstown på Barbados
i gadens skyggeside
sidder jeg og klimprer på det gamle hvide flygel
i restaurant *Chez Ankerfeldt* på Frederiksberg
i begyndelsen af '60erne
som om det var i nat
som om 35 år eller
en nat kom ud på ét
det var tidlig på natten
de få spredte gæster lyttede

Newspaperman in Speightstown

Every day a new paper
yesterday's is obsolete
but the newspaperman lasts a while longer

After a month in Denmark
I returned to Barbados
walked to my old courteous newspaperman
to buy papers as before

Most people here buy either
the *Nation* or the *Advocate*
I like to buy both

At the sight of me
twenty steps away
he folds the two newspapers
but asks politely as usual
Both?
I nod and pay
as if it were yesterday I was here
as if a month or
a day were rolled into one
and while I stroll on in the late morning heat
down the narrow main street
in Speightstown in Barbados
on the shady side of the street
I am sitting and plunking on the old white grand piano
in the restaurant Chez Ankerfeldt in Frederiksberg
in the early '60s
as if it were tonight
as if 35 years
or a night were rolled into one
it was early in the evening
a few spread out guests listened

til mine fingres ferme færden
gennem kendte toners verden
mens bartendersken Oda og jeg mest lyttede
til *hver en gang at døren gik*
og endelig gik den
døren
ind træder en lille kraftig mand
som vi ikke har set i et års tid
hvor han har arbejdet i Grønland
straks slår jeg over i et forspil til *Stardust*
som jeg plejer når han kommer
og samtidig bestiller han hos Oda
en guldøl til musikken som han plejer
og vi skåler som sædvanlig
som om det var i går
som om et år eller
en dag kom ud på ét
nu kommer flere gæster
omsider lidt gang i det gamle nattesæde
den lange lune jyde i hjørnet ved baren
med ny dame på eller
den samme med ny frisure
han skal også ha sin kendingsmelodi
Din hjerte er i fare, Andresen
som jeg spillede hver aften
i 1949 på Palads Bar i Esbjerg
mit første job som barpianist
som om det var i går aftes
som om 47 år eller
en dag kom ud på ét
bartender Ole kommer som sædvanlig
med en gin & tonic til musikken
jeg drikker ikke sprut i Niogfyrre
så det er gin + tonic minus gin
og senere afregner Ole med mig
for flere deciliter udrukket gin

to my fingers' adroit advances
through the known world of musical tones
while the female bartender Oda and I mostly listened
to *every time the door opened*
and finally it opened
the door
in walks a small powerful man
who we had not seen for a year or so
since he was working in Greenland
immediately I switch over to a lead-in to *Stardust*
like I usually did when he came in
and at the same time he orders from Oda
a beer for the piano player as usual
and we say cheers as usual
as if it were yesterday
as if a year or a day
were rolled into one
now in come more patrons
getting to be some life in the old after-hours joint
the tall, wry Jutlander in the corner by the bar
with a new lady or
the same one with a new hairdo
he'll also have to have his signature song
You're too dangerous, Cherie
which I played every night
in 1949 at the Palace Bar in Esbjerg
my first job as a bar pianist
as if it were last night
as if 47 years or
one day were rolled into one
bartender Ole comes over as usual
with a gin and tonic for the piano player
I don't drink alcohol in forty-nine
so it was gin plus tonic minus gin
and later Ole settles up with me
for several deciliters of undrunk gin

fiktiv og dog kontant
jeg savner ikke spiritus her
i Nittenniogfyrre
er på forhånd beruset af glæde
bare ved at være til stede
for første gang rejst hjemmefra
for første gang i Jylland
først skrækslagen ved tanken om
at ende ved verdens ende
blandt uforståelige uforstående indfødte
men det modsatte skete
straks følte jeg mig hjemme mellem folk
der alle talte som min kære tante
Tante Martha som jeg havde kendt og elsket
fra min tiders morgen
Tante Martha som jeg var i pleje hos
hver gang mor var på sygehuset
Tante Martha hvis hvæse stemme jeg faldt i søvn til
Tante Martha som tog mig med i bad næste morgen
i et rigtigt hvidt emaljebadekar
Tante Martha den første kvinde jeg
fire år gammel så nøgen
gennem flager af sæbeskum
men klart og uforglemmeligt
Tante Martha hvis cigaretrustne sprog jeg elskede
inden jeg mødte det Jylland hun kom fra
og nu sidder jeg her i Esbjerg
som ikke er verdens ende
men dens skummende navle
hvor alle taler Tante Martha'sk
og tilsammen i løbet af aftenen ryger
næsten lige så mange smøger
som Tante Martha på en lille times tid
men nu kommer Ole ned til klaveret
med nok en ginfri gin & tonic
en opfordring ovre fra det lange bord

fictitious and in cash
I don't miss alcohol here
in nineteen forty-nine
I'm already drunk with happiness
just to be present
for the first time away from home
for the first time in Jutland
at first scared to death at the thought of
ending up at the world's end
among incomprehensible uncomprehending natives
but quite the opposite happened
I quickly felt at home among people
who all talked like my dear aunt
Aunt Martha who I had known and loved
since the dawn of my days
Aunt Martha who took care of me
every time my mother was in the hospital
Aunt Martha whose hoarse voice I fell asleep to
Aunt Martha who put me in the bath with her the next morning
in a real white enamel bathtub
Aunt Martha the first woman I
four years old ever saw naked
through floes of soap suds
but clearly and unforgettably
Aunt Martha whose cigarette-rusted language I loved
before I met the Jutland she came from
and then here I sit in Esbjerg
which is not the world's end
but it's bustling hub
where everyone speaks Aunt Martha-ish
and during the course of an evening smokes
almost as many cigarettes
as Aunt Martha did in an hour
but here comes Ole over to the piano
with another gin-free gin and tonic
it's a request from over at the long table

det gibber i mig ved at høre titlen
jeg husker prompte frem til 1996
som var det i morgen
som om 47 år eller
en aften kom ud på ét
en aften på Barbados
et privat småkedeligt party
flyglet lidt mindre og hvidere
end det i *Chez Ankerfeldt*
jeg er slæbt med fordi jeg kan spille på det
lod mig slæbe med fordi jeg
i lang tid har lidt af klaverabstinenser
spiller lidt evergreens a la Garner
føler mine fingre snappe efter tangenter
som den druknende efter luft
indtil værten med fornavnet Owen
en ældre velholdt brite
med skarptskårne træk i det
garvede rødmossede ansigt
førhen squadron commander i Royal Air Force
afbryder mig (naturligvis på engelsk):
De spiller ganske fortrinligt
Jeg hører De er fra Danmark
Lidt yngre end jeg vil jeg mene
Gad vide om De er gammel nok til at huske
(her slår har over i fejlfrit dansk)
Nu skinner solen igen på vor lile jord–?
Det tar mig kun sekunder at kalde
melodien frem i forreste fingre
og udprinte denne slager fra 1945
befrielsesåret da den unge Owen
i Montgomerys kølvand erobrede
danskernes og ikke mindst københavnernes hjerter
nu er der glæde og forår på ny
da unge Owen oplevede sin gyldneste ungdom
og eftersom en gammel RAF-pilot

it gives me a jolt just hearing the title
immediately I remember forward to 1996
as if it were tomorrow
as if 47 years or
an evening were rolled into one
it was an evening on Barbados
a private somewhat boring party
the grand piano a bit smaller and whiter
than the one at Chez Ankerfeldt
they dragged me along because I could play on it
I let myself be dragged because I
had been suffering from piano abstinence for a long time
I play some standards à la Garner
feel my fingers snatching at the keys
like someone drowning gasping for air
until the host by the name of Owen
an older well-preserved Brit
with sharply defined features
tan red-cheeked face
previously squadron commander in the Royal Air Force
interrupts me (naturally in English)
You play quite splendidly
I hear you are from Denmark
A bit younger than I, I would guess
I wonder if you are old enough to remember
(here he switches over to perfect Danish)
Now the sun shines again on our little land—
It takes me a few seconds to call forth
the melody in my lead fingers
and turn out this hit from 1945
liberation year when the young Owen
in Montgomery's wake conquered
the hearts of the Danish people and especially of Copenhageners
now there is happiness and spring anew
when young Owen experienced the most golden days of his youth
and since an old RAF pilot

ikke får tårer i de smalle hvasse øjne
kniber han dem bare mere sammen
Well done – very well indeed
og begynder udførligt at beskrive
præcisionsbombardementet af Shellhuset
hvordan de fik prikket bomberne ind
på de etager hvor Gestapo holdt til
mens tagetagen hvor ledende modstandsfolk
var anbragt som gidsler mod bombeangre
stort set gik fri
og det samme gjorde de
og han går lavmælt videre
stadig med eksakte førstehåndsdetaljer
beretter om den grufulde udgang
 hvor så mange børn på den franske skole
blev ofre for venligtsindede bomber
det hele gik så hurtigt
jeg så kun røgen af det
fra fjerde sal i Gutenbergshus
den pludselig dag i marts '45
som 14-årige kontorbud
i varmemålerfirmaet Odin Clorius
som om det var i dag
som om 51 år eller
tre minutter kom ud på ét
sirenerne har endnu ikke lydt
Owen og de andre har hele vejen
sydfra langs Øresund holdt sig
lige under tyskernes radarniveau
men vi her på kontoret har for to sekunder siden
hørt motorlyden nærme sig
og den lyd kommer ikke fra tyske maskiner
(de to der var tilbage)
alle hen til vinduerne
hvor det forbandede Rundetårn
som jeg ellers elsker tårnhøjt

doesn't get tears in his small keen eyes
he just squeezes them together a little more
Well done—very well indeed
and starts to describe in detail
the precision bombing of the Shell House
how they slipped in the bombs
on those floors the Gestapo occupied
while the top floor where the leaders of the resistance
were kept as hostages to deter bombing raids
pretty much went unharmed
as did they
he continues on in a subdued voice
still with exact first-hand details
recounting the horrific aftermath
where so many children at the French School
became victims of the well-intentioned bombs
everything happened so fast
I only saw the smoke from it
from the fourth floor of the Gutenberg House
that sudden day in March '45
as a 14-year-old office boy
in the thermostat company Odin Clorius
as if it were today
as if 51 years or
three minutes were rolled into one
the sirens have not yet sounded
Owen and the others all the way
from the south along the Sound have held themselves
just under the German's radar level
but here at the office just two seconds ago
we heard the motor noise coming closer
and that noise doesn't come from German machines
(the two that were left)
everyone to the windows
where the damned Round Tower
that I otherwise love to the high heavens

står i vejen for udsynet men
de fjerne dumpe drøn går vi ikke
glip af og en høj tynd røgsky idet
Owens eller en anders jagerbomber
skyder lodret op i rummet bagved Rundetårn
slår en sløjfe i luften
retter op og forsvinder
mod Vesterbro
Valby eller Frederiksberg
og nu
først nu
hyler alle luftsirener
lidt sent at gå i kælderen
men heldigvis snart tid til min daglige tur
på Long-John-cykel ud til Vester Fælledvej
for at hente en kasse Calorius-varmemålere
med nye omveje uden om det rygende Shellhus
bevogtet af skydeklare gøende grønne
videre mod synet af røg og damp for enden
af en forandret Frederiksberg Allé
nærmere og nærmere den stramme stank
som af brændte cykeldæk eller tagpap eller
når man har glemt at tænde for gasapparatet
stærkere og stærkere op til Platanvej
hvor der er afspærret videre frem
hvor lysledninger hænger slatne ned over alleen
hvor halvt forkullede papirark
sejler formålsløst rundt i luftens lilla røg
to tre ambulancer er allerede kommet
flere kan høres på vej hertil men ellers
kun dæmpede lyde
folk løber hid og did men ingen råber
det er som om de lytter efter noget eller nogen
der inde bag disen eller røgen og lugten
og skønt jeg først senere hører om forældre
der nu tavse og blege går rundt og leder

is right in the way of our view but
the distant dull blasts we did not
miss and a high thin smoke cloud when
Owen's or another's bomber
shoots straight up into the sky behind the Round Tower
ties a bow in the air
levels out and disappears
towards Vesterbro
Valby or Frederiksberg
and now
first now
all the air sirens start howling
a little late to go to the basement
but luckily it's about time for my daily route
on the delivery bicycle out to West Fælleds Road
to pick up a box of Calorius thermostats
with a new detour around the smoking Shell House
guarded by rifle-ready barking greenhorns
further on towards the sight of smoke and stench at the end
of a transfigured Frederiksberg Allé
closer and closer to the acrid stench
like burning bike tires or tarpaper or
when you have forgotten to light the gas ring
stronger and stronger up to Platan Road
where through traffic is blocked
where electric cables hang slack down on the street
and half-charred sheets of paper
sail aimlessly around in the air's purple smoke
two three ambulances have already arrived
you can hear several more on their way but otherwise
only muffled sounds
people are running back and forth but no one is yelling
it's like they're listening for something or someone
there behind the haze or the smoke and the smell
and although I only later heard about parents
who now silent and pale were walking around searching

efter børnene derinde bag røgen og stilheden
føler jeg med ét min mors bekymring og angst
må skynde mig hjem til Søborg kl. fire
(omsonst at ringe hjem
da der går cirka ti år
før vi får telefon)
for at vise mig i live
rigt udstyret med øjenvidneskildringer
familiens midtpunkt for en dag eller to
med sidst nyt før *Aftenbladet*
som jeg for resten må huske at købe
til far plus en æske cerutter
tre *Golf* hos cigarhandler Meyer overfor
på hjørnet af Søborghus Allé
mærker nu avisen under venstre arm
undrer mig lidt
har jeg allerede købt *Aftenbladet*
folder ud og ser hele to aviser
Advocate og *Nation* som jeg plejer
vender mig forbavset og ser et stykke borte
min avismand stå og handle og snakke
med lokale folk på Queen's Street her i Speightstown
på Barbados i Vestindien i denne skøre verden
hvor solen står højt her sidst på formiddagen
i april 1996
jeg skynder mig med minibussen
hjem til min kone
må berolige hende
og ikke mindst mig selv
jeg slap dog heldigt fra det
er lidt ældre efterhånden
men stadigvæk i live når det gælder.

for children in there behind the smoke and the stillness
I feel all at once my mother's worry and dread
have to hurry home to Søborg for four o'clock
(useless to call home
since there will go about ten years
before we get a telephone)
to show that I am alive
richly supplied with eyewitness accounts
the family's center of attention for a day or two
with the latest news before the *Evening Post*
that I by the way have to remember to pick up
for my father plus a box of cheroots
three Golf cheroots at Meyers tobacco shop upstairs
on the corner of Søborghus Avenue
I feel the paper under my left arm
wonder why
did I buy the *Evening Post* already
I unfold it and see two whole newspapers
the *Advocate* and the *Nation* as usual
I turn surprised and look in the distance
see my newspaperman standing selling chatting
with the local people on Queen's Street here in Speightstown
on Barbados in the West Indies in this crazy world
where the sun is high here late in the morning
in April 1996
I hurry to the minibus
home to my wife
have to calm her down
not to mention myself
I was lucky to get away
I'm getting a little older
but still alive when it counts.

Til en der har mistet en elefant

Man kan daglig undre sig over
hvor ting blir af.
Ikke nødvendigvis kostbare ting
men på anden måde værdifulde:
En bog man kun har læst et par sider af
en yndlingsnøddeknækker
en bestilt teaterbillet.
Man så den for tyve minutter siden
nøjagtig i denne vindueskarm
lige ud for den midterste potteplante.
Et øjeblik vendte man ryggen til
og straks er tingen forsvundet.
Og man har vel at mærke
været helt alene i rummet.
Man leder for en sikkerheds skyld
og i stigende desperation
også alle de steder
man med sikkerhed ved den ikke er
kropvisiterer til sidst sig selv
klæder sig af til skindet
fjerner brutalt gebis og briller
renser negle i magtesløs triumf
før man endelig resignerer.
Der er sorte huller i universet
hvor der en gang var superstjerner
så hvorfor ikke små sorte huller
her i stuens univers.
Den nød måtte knækkes med hammer.
Den teateraften blev aflyst.
Den bog blev aldrig læst færdig.
Men hvor blir tingene af?
Det kan hænde en ting dukker op igen
efter flere års glemsel
i lommen på en jakke man netop den dag

To One Who Has Lost an Elephant

Every day you wonder
where things go
not necessarily expensive things
but maybe valuable in another way:
A book in which you have only read a couple of pages
a favorite nutcracker
a reserved theater ticket.
You saw it twenty minutes before
right there on that windowsill
just in front of the middle houseplant.
You turned your back on it for a moment
and the thing suddenly disappeared.
And you know
you were the only one in the room.
Just to be on the safe side you look for it
with increasing anxiety
also checking the places
where you're sure it isn't
finally pat yourself down
strip yourself naked
violently tear off your dentures and glasses
clean your nails in hollow triumph
before finally giving up.
There are black holes in the universe
where once there were supernovas
so why not small black holes
in the domestic universe.
That nut would have to be cracked with a hammer.
That night at the theater had to be cancelled.
That book never got finished.
But where do things go?
Sometimes an item can turn up again
after being forgotten for several years
in the pocket of a jacket that just that day

bestemte aldrig mere at gå med
men nu har taget til nåde igen
eller i bunden af klaveret
som kun skilles ad når man flytter
eller allermest afskyeligt:
på nøjagtig samme sted
ud for den midterste potteplante
(som i mellemtiden måske er skiftet ud)
anbragt af ens børn
der har fundet tingen
et usandsynligt sted
i tagrenden
i frostboksen
i en æske med julestads
eller på Spejdernes loppemarked.
Der står man med noget der havde
sin storhedstid engang
men nu er en lille gammel ting
som skønt den er lagt tilbage
forlængst er tilbagelagt.
Snesvis af andre nødder er knækket
med en langt smartere nøddeknækker.
Bedre bøger af samme forfatter er læst
og teatret er nedlagt i mellemtiden.
Det er som at møde en gammel kæreste
der engang var altoverstrålende
og dermed altoverskyggende.
Man vendte hende ryggen et øjeblik
og da man vendte sig om igen
var der kun savnets sorte hul tilbage.
Man mødes måske flere år efter
og man har altid en varm plet i brystet
forbeholdt den man har elsket engang
og dog må man undre sig over
at hun har kunnet betyde så meget.
Det hører under perspektivlære.

you decided never to wear
but now it's in your good graces again
or in the bottom of the piano
that only gets taken apart when you move
or most appallingly
in exactly the same place
just in front of the middle houseplant
(which in the meantime might have been replaced)
brought in by ones children
who found the thing
in some strange place
in the gutter
in the freezer
in a box with Christmas decorations
or at the Boy Scout flea market.
And you stand there with something that had
its moment of greatness once
but now is a little old thing
and although you put it back in its place
you had put it behind you a long time ago.
Scores of other nuts have been cracked
with a much fancier nutcracker.
Better books by the same author have been read
and the theater has closed down in the meantime.
It's like meeting an old lover
who once was the be-all and end-all
and as a result all-overshadowing.
You turned your back on her for a moment
and when you turned back again
all that was left was a black hole of longing.
You meet again maybe a few years later
and you always have a warm spot in your chest
reserved for the one you once loved
yet you still wonder how
she once could have meant so much to you.
This falls under the field of study of perspective.

Man lærer lidt efter lidt hvor bredt
et afsnit af horisonten
en nærtstående person
kan afskære en fra at se
smallere eller bredere alt efter
hvor tæt vedkommende er på en
og helt tæt på er man blind og i stor fare.
Og senere undrer man sig over
at noget der har optaget en så stor del
af ens tanke- og synsfelt nu fylder
forsvindende lidt i landskabet.
Det hedder i perspektivlæren:
det vemodige forsvindingspunkt.
For vi gribes af et vemod der er universelt
et klarsyn af at alt har sin tid
det har måske sin storhedstid
og vender så tilbage til horisonten.
Således også med kærligheden.
Den kommer mere eller mindre uventet
fylder en tid hele verden som solen
og går ned bag horisonten.
Sådan er det med et menneske:
Det kommer
det lever
det går
sådan er det med store riger
Det gamle Ægypten
Bronzealderfolket
Atlantis
de opstår
de er der
de forsvinder
sadån er det med ganske små ting
de er ganske små når man får dem

You learn little by little how broad
a section of the horizon
a nearby person
can cut you off from seeing
narrower or broader depending on
how close the person is to you
totally close you're blind and in great danger.
And later you wonder
how something that once filled such a large part
of your thought- and sight-field can now occupy
so disappearingly little in the landscape.
This is called in the study of perspective:
the sad point of disappearance.
For we are gripped by a sadness that is universal
an insight that everything has its moment
maybe even its moment of greatness
and then returns to the horizon.
It's also like this with love.
It comes more or less unexpected
for a time fills the whole world like the sun
then goes down below the horizon.
It's this way with a person:
One comes
one lives
one goes
it's this way with great riches
Ancient Egypt
People of the Bronze age
Atlantis
they arise
they exist
they disappear
it's this way with rather small things
they are rather small when you get them

men kan betyde alt for en
i det øjeblik de forsvinder
og selv om man får dem tilbage igen
er det smerteligt og vemodigt
fordi de ikke er de samme mere
fordi man genkender sin egen skæbne
fordi man er tragisk solidarisk med
sin gamle kæreste
Pyramiderne
og et rustent cykelspænde
på en og samme tid.
Vi dukkede op
solede os i verdens opmærksomhed en tid
vi forgik
og selv om vi skulle dukke frem igen
blir vi aldrig mere de samme.
Alt har sin tid
og selv de varmeste tårer tørrer ind.
Hvor blir tingene af?

——— ——— ———

Alt dette kun for at bedyre dig
at vort venskab ikke berøres af
at du ikke kan finde den lille
kinesiske elefant jeg gav dig engang
som tegn på vores venskab.
Gør dig ingen bebrejdelser.
Der findes dybere afgrunde
og som jeg her har antydet:
Langt smerteligere end tabet selv
er tabet af selve tabet.
Så længe du savner den elefant
vil vores venskab bestå.
Ja, hvor blir tingene dog af –
nu har du vel set overalt?

though they can mean everything to you
in that moment they are gone
and even though you get them back again
it is painful and sad
because they're not the same as they were
because you recognize your own fate
because you are in tragic solidarity with
your old lover
The Pyramids
and a rusty bicycle lock
all at the same time.
We turned up
sunned ourselves in the world's affection for a while
we perished
and even if we should turn up again
we'll never be the same.
Everything has its moment
and even the most heartfelt tears dry up.
Where do things go?

――― ――― ―――

All this only to assure you
that our friendship is not affected because
you can't find the little
Chinese elephant I once gave you as
a sign of our friendship.
Don't blame yourself.
There are abysses far deeper
and like I have hinted at here:
Much more painful than the loss itself
is the loss of the actual loss.
As long as you miss that elephant
our friendship will endure.
Yes, where do things go –
are you sure you have looked everywhere?

Et sted i Europa

Stilhed vævet sammen af små lyde
vind gennem grene
en fjern fugl
et afsides tog
eller havet
små lyde på størrelse
med lettede suk

Vasketøjet tages ned fra snoren
kvinden med tøjklemmer mellem læberne
har nok lyst til at sige noget
men går ind i sit hus
for at have nogen at sige det til

En enkelt flyvemaskine højt oppe
hundeglam
og med en smule tålmodighed
får man før eller senere en latter at høre
et par børnestemme
måske en der bryder ud i sang
det ville forekomme naturligt her

Men sjældent skrig
ikke skudsalver
eller granateksplosioner
hvor skulle de komme fra

Børn leger
og ser sig for til begge sider
før de går over vejen
der dufter af madlavning fra husene
en mand kommer kørende på cykel
en anden mand kommer kørende i en lille bil
dyt dyt siger bilen

Someplace in Europe

Stillness woven together with little sounds
wind through branches
a distant bird
a faraway train
or the ocean
little sounds the size of
released sighs

Laundry is taken down from the line
the woman with clothespins between her lips
seems to want to say something
but she goes into her house
to have someone to say it to

A single airplane high up
howling of dogs
and with a bit of patience
sooner or later you get to hear laughter
a couple of children's voices
maybe one that bursts into song
it would seem natural here

But rarely screams
no gunfire
or grenade explosions
where would they come from

Children are playing
and they look both ways
before crossing the street
scented with the cooking from the houses
a man comes riding a bicycle
another one comes driving a small car
honk honk says the car

ding ding siger cyklen
bilisten har en cigar i munden
det har cyklisten ikke
de nikker til hinanden
og kører videre hver sin vej
ingen af dem bliver ramt af skud
hvor skulle de skud dog komme fra
Folk kan blive uenige
begynde at råbe op
indimellem vanker der sikkert et par flade
men lige nu vil man hjem til aftensmaden

Og stilheden blandes med mørket
en dybere mættere tone
borthørt fra en sirlig knitren
måske fra et insekt
eller trin i grus
eller et stjernebillede
der skutter sig lidt
Inden længe ved man ikke
om den smule man hører
er den svage lyd fra havet langt borte
eller ens eget mindre indre hav
der slår mod tindingens kyst

Så fredfyldt har der sikkert også været
i Bosnien engang.

ding ding says the bicycle
the driver has a cigarette in his mouth
the bicyclist does not
they nod to one another
and continue on their separate ways
none of them get hit by gunshots
where would the gunshots even come from
People can disagree
start shouting
once in a while it even comes to blows
but for the time being let's go home for dinner

And the stillness blends with the darkness
a deeper fuller tone
except for a meticulous crackling
perhaps from an insect
or steps in gravel
or a constellation
that is shuddering slightly
Before long you don't know
whether what you're hearing
are the little sounds of the ocean far away
or your own smaller inner ocean
breaking on the coast of your temples

It must have been as peaceful as this
in Bosnia once.

BENNY ANDERSEN (b.1929) is the all-time best-selling poet and lyricist in Denmark. First published in 1960, he has produced 21 volumes of poetry along with numerous records, stories, screenplays and children's books. His *Samlede Digte (Collected Poems)* has sold over 150,000 copies in Denmark. Parts of his authorship have been translated into 24 languages, though until now little of his poetry has been available in English. Andersen continues to write and to perform to sold-out audiences in Denmark. He lives near Copenhagen.

Founder of Hammer and Horn Productions, MICHAEL GOLDMAN (b.1966) promotes and produces translated works of Danish literature. Over one hundred of Goldman's translations of poetry and prose have appeared in literary journals such as Rattle, Harvard Review, World Literature Today, and International Poetry Review. His translated book publications include *Farming Dreams* by Knud Sørensen, *Stories about Tacit* and *The Water Farm* by Cecil Bødker, *Average Neuroses* by Marianne Koluda Hansen, and *Fragments of a Mirror* by Knud Sønderby. He lives in Florence, Massachusetts, USA. www.hammerandhorn.net